オーラソーマで使用するボトルの一部。アナタの本当の心を表す鏡でもあるのです。これから色のヒミツについて愉しくわかりやすく紹介します

色の心理学

CONTENTS

Introduction

色を効果的に使えば、心も体もハッピーになります

私たちの日常は、様々な色があふれています。
カラフルな洋服や雑貨、広告だけでなく、
自然にも豊かな彩りがあり、
あなたの目や髪、皮膚にも色があります。
しかし、色は、光がなければ見ることができません。
同じ色でも、全くの暗闇なら、
色を見ることはできず、色のない世界になります。
それは、光の中に、様々な色の波長が存在しているからで、
光=色なのです。

著者
佐々木仁美
オーラソーマカラーケアコンサルタント＆ティーチャー、パーソナルカラーアナリスト、クリスタルセラピスト 1級カラーコーディネーター。色を活用して、豊かに生きるためのカウンセリングやセミナー講師等の活動をしている。http://home.netyou.jp/zz/eyepalet/

植物も動物も人間も、光がなければ生きていけません。
つまり、色がなければ生きていけません。
光がある世界、いわゆる色のある世界は生の世界。
そして、光がない世界、
いわゆる色のない世界は死の世界。
彩るということは、生きることそのものとも言えるのです。
光は希望を表し、また、虹の七色も希望を表します。
そして、それぞれの色には、
様々な意味や効能効果が隠されています。
色を効果的に意識して使えば、心身共に健やかで、
充実した毎日を送っていくことができるのです。
本書では、色の意味や色彩心理を日常で活かす方法を
愉しくご紹介していきます。

Theme

色はなぜ見えるのか？

最初は色の基礎知識を理解してみましょう。科学的アプローチで色の正体を解剖します。色の正体がわかれば心と身体に影響する理由がわかってきますよ。

光がなければ
色は見えないのです

色とは、電磁波の一種であり、目の中で色の感覚を引き起こす光です。

上図を見ると、目に見えない、テレビ波やラジオ波、x線などと同じ、光の波の一種であることがわかるでしょう。

たとえば、赤い色の物は、科学的にはその物体に赤い色が付いているということではなく、その物体が、赤い波長のみを反射させる性質をもっていて、反射した光の刺激を目で受け取り、脳が色を判断

1nm（ナノメーター）
＝1/100万（mm）
＝1/10億（m）

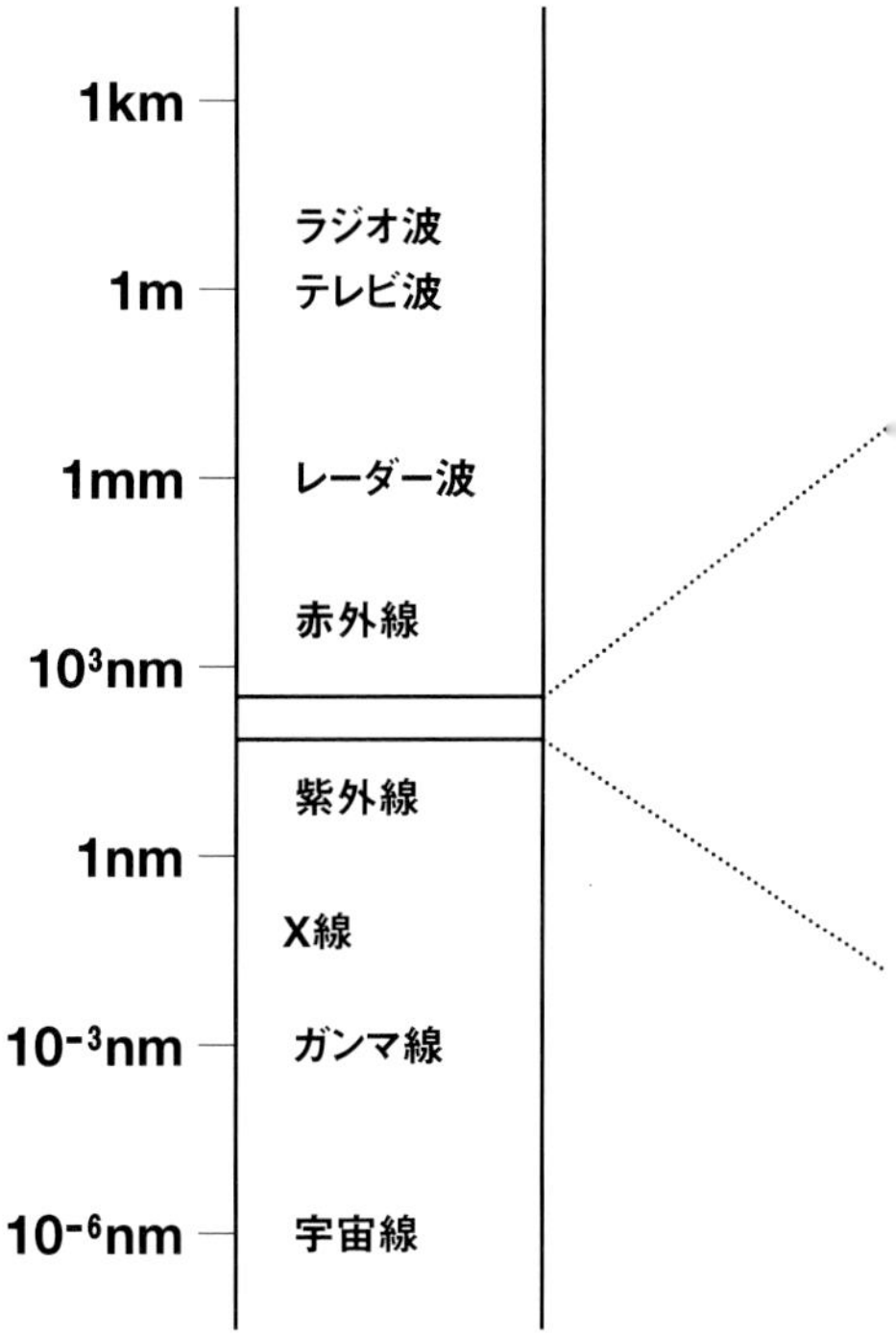

太陽光をプリズム（透明なガラスでできた三角柱）に当てると虹色の帯（スペクトル）が現れる

しているという経路があります。

上図のように、紫外線と赤外線の間の３８０ｎｍ～７８０ｎｍのごく狭い範囲の電磁波が、目に色の刺激をあたえる、つまり、見ることができる可視光線なのです。

光は、透明の白色光ですが、それをプリズムで分解すると、右上のような虹のスペクトルとなってあらわれます。その虹のスペクトルの色は、それぞれ波長の長さが違うので、それぞれの波長に反応する色が見えるというわけです。

雨上がりの時に、虹が見えるのは、雨粒が、プリズムの役割を果たして、光を分光した結果表れる現象なのです。

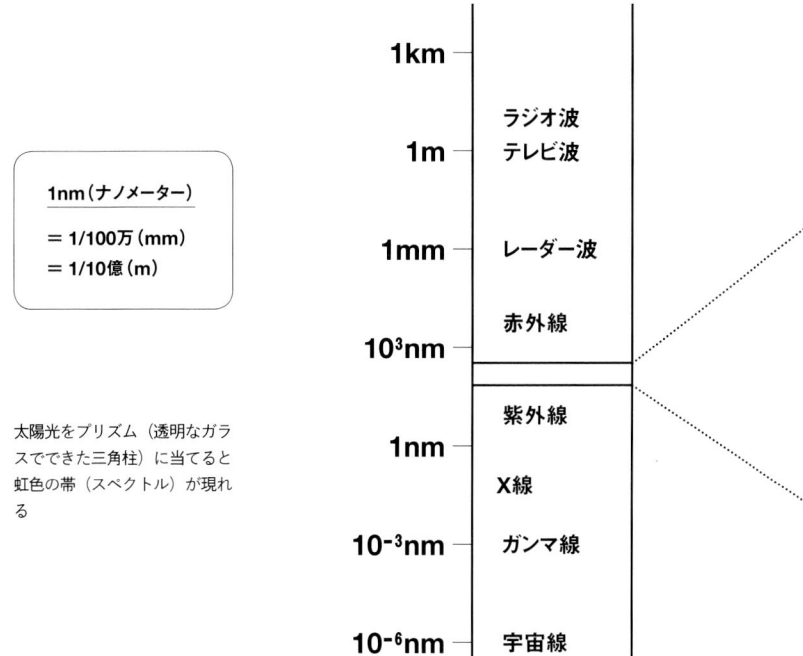

Theme

色は皮膚でも感じている

脳がが常に振動していることは有名ですが、身体の細胞一つひとつも振動し、反応を起こします。目に見える光＝色は無害の生命エネルギーなのです。

人間の皮膚は第二の目といわれます

▼

色の光をキャッチすると体の元素と呼応

人間の体は様々な元素から成り立っている

水素、酸素、炭素、窒素、リン、イオウ、ナトリウム、カルシウム、カリウム、塩素、マグネシウム、鉄、亜鉛、銅、フッ素、ヨウ素、セレン、ケイ素、ホウ素、ヒ素、マンガン、モリブデン、コバルト、クロム、バナジウム、ニッケル、カドミウム、スズ、鉛

体は生体反応を起こして色を皮膚で感じている

人間は、酸素、炭素などの様々な種類の元素から成り立っており、元素は常に振動し、それぞれの元素は固有の振動数をもっています。色の光が皮膚にキャッチされた瞬間、体を形成する元素と呼応して、生体反応をおこすのです。次ページの赤い部屋と青い部屋の実験でも、それが証明されています。皮膚は、第二の目と言えるのです。

　それを証明したといえる文章が上に掲載しているヘレンケラーの自伝『わたしの住む

ヘレン・ケラー自伝
『わたしの住む世界』より

私はスカーレット（緋色）とクリムソン（深紅色）の
違いがわかります
・・・・・・・・・・連想の力が私に、
白は高尚で混じりけがないとか、
緑は生命力に富むとか、
赤は愛や恥じらいや力を暗示すると言わせます。
したがって、私の考えの中に色がないということは
考えられません。
私は対象の色と音とを区別します。

世界』です。ヘレンケラーは二歳のときに高熱にかかり、視力、聴力、言葉を失ってしまいました。

けれどもこの文章は、そういう状態の彼女でも十分に色を感じていることがあらわれています。

色は心と身体に影響をおよぼす波動なのです。目が見えなくても皮膚や体全体で、色の波動を感じ、色の世界を享受しているのです。これだけでも色は目で見るだけではなく、体で感じているということがわかるのではないでしょうか。

Theme

赤い部屋と青い部屋では感じる温度が違うんです

赤い部屋と青い部屋の例のように、生体反応にも深くかかわる色の効果は、見る人、身につける人、全ての人の心理面に深く影響を及ぼしています。

部屋が涼しく感じる

青は紫外線よりに位置する色。さざ波のような優しい波長なので、筋肉が弛緩し部屋が涼しく感じる

赤一色の部屋と青一色の部屋を用意し、同じ温度、同じ湿度に設定して、被験者にそれぞれの部屋に入ってもらうという実験があります。

その結果、赤い部屋に入った人は、脈拍、呼吸数、血圧が上がり、暑く感じ、青い部屋に入った人は、脈拍、呼吸数、血圧が下がり、涼しく感じた、という結果がでています。

赤は、赤外線の隣に位置する色であり、波長が大きいので、筋肉の興奮効果もあり、

部屋が暑く感じる

▼

赤は赤外線の隣に位置する色なので波長が大きく筋肉の興奮効果があり、暖かく感じる

暖かく感じる色です。

また、青は、紫外線よりに位置する色であり、波長が小さく、さざ波のような優しい波長なので、筋肉の弛緩効果もあり、涼しく感じる色です。

この実験では、目隠しをした状態でも、同じような結果が得られていますので、皮膚を通して、波長を感じ、生体反応を引き起こすと、考えられています。

その体感温度の差は、なんと3度!! これを利用して、夏は、さわやかな青を基調としたファブリックに、冬は、暖かみのある赤を基調としたファブリックに変えれば、快適な暮らしや、電気代の節約、エコにもつながるでしょう。

Theme

赤い部屋と青い部屋では時間の長さが違うんです

赤い部屋と青い部屋では温度の違いだけではなく、人間に与える影響は他にもあります。不思議なことですが、時間の長さの感じ方も異なるのです。

浦島太郎の物語はまさに青の特性を描いたもの

だれもが一度は読んだことがあるといっても過言ではない浦島太郎。実は時間を短かく感じる青の特性をも表現していたのです

赤い部屋と青い部屋では、時間の感覚も異なります。

例えば、赤い部屋にいると30～40分ぐらいしかいなくても、1時間いたような感覚に、そして、青い部屋では、1時間いても、30～40分ぐらいしか経っていないような感覚になるのです。その差は、個人差や環境にもよりますが、約2倍！ この赤と青の時間感も、色が体の反応をひきおこす作用と関係しています。

浦島太郎は、青い海の世界

色は人間の筋肉に
緊張を引き起こします

光の色	ライト・トーナス値	筋肉	血圧・脈拍・呼吸数
赤	42	緊張	UP
橙	35	↑	↑
黄	30	↕	↕
緑	28	↓	↓
青	24	弛緩	DOWN

色の光は人間の筋肉に緊張と弛緩を引き起こしているのです。この変化は数値化されていて、ライト・トーナス値と呼ばれています

の竜宮城に行き、楽しさも手伝って、時間があまり経っていないと感じていたけれど、地上の世界に戻ってみたら、おじいさんになっていた、というのは、色彩心理からすれば、当を得た話なのです。

実際、ファミリーレストランが赤を基調とした暖色系なのは、食欲色であり、楽しいイメージカラーである、ということにプラスして、色の時間感を利用することにより、少しの時間いただけで、十分過ごしたような満足感をあたえ、回転率をあげるという効果を得ているのです。

逆に、工場など、流れ作業や単純作業の場所では、時間を長く感じる傾向にあるので、青を基調とした配色をとり入れることが望ましいでしょう。

Theme

自殺をとどまらせる色 暴力性をおさえる色

海外で実際に行われている色の心理学を用いた例は枚挙に暇がありません。その中でもネガティブなものがポジティブになった代表的な例を紹介します。

黒から緑に塗り替え
自殺者が1／3に減少

緑色は血圧や脈拍を安定させる効果があり、心理状況が安定し心にゆとりをもたせます

ロンドンのテムズ川にかかるブラックフライアブリッジは、以前、自殺の名所として有名でした。その後、黒から緑色（現在は色が違います）に塗りかえられたところ、なんと自殺者が3分の1に減ったといわれています。黒は、絶望の色。自殺を考える、うつうつとした心理状況の人が、黒い色の中にいると、希望を見いだせず、投身していたのに対し、再生を表す緑に変わったことで、リラックス効果が得られ、心理状況が

ピンクを刑務所に用いたところ囚人がおとなしくなった

現代でもスイスの刑務所では「クールダウンピンク」というプロジェクトが行われています

安定したのでしょう。

アメリカの刑務所で、気の荒い暴力的な囚人たちを静めるために、無機質な壁をピンクに塗り替えたところ、みな一様におとなしくなったという実例があります。ピンクといっても、濃いピンクでは、赤の刺激が強いので、その効果は得られませんので、薄い、サーモンピンクのような色です。ピンクは、子宮内壁の色。記憶には残っていなくとも、人間はみな、お母さんのお腹の中にいた時の安心感、心地よさ、優しい愛のぬくもりを、細胞が無意識に覚えていると言われています。それゆえ、壁を薄いピンク色に塗り替えたところ、その細胞の記憶が呼び覚まされ、安心した優しい気持ちになったのでしょう。

Theme

勝負のときにこそ用いるべき色とは

大事なプレゼン、営業など、現代社会においては多くの場面で勝敗がつくときが多いもの。そんなときにこそ赤を用いれば予想以上の結果が得られるかも。

赤を用いると
20%勝率が高いという結果も

ユニフォームが赤でない場合は、是非、下着に赤を用いてみてください。第二の目である皮膚を通して、ホルモンの分泌をはかることができます

イギリスの科学誌「ネイチャー」に、ボクシングやテコンドー、レスリングなど、格闘技では、赤のウエアを着た選手の方が、勝利数が多いという結果が掲載されています。ほぼ、同レベルの能力をもった選手同士が戦った場合、赤のウエアを着た選手の方が、勝率が20%もあがる、というのです。

赤は、脈拍、呼吸数をあげる興奮作用があり、かつ、自律神経、交換神経を活発に働かせ、アドレナリンやノルアア

アメリカ大統領は
カラーイメージ戦略が基本

▼

黒人初のアメリカ大統領となったオバマは、皮膚の色との色写りを活かしたコントラスト配色で、必ず白いシャツを着用し、濃い色のスーツを着て、ケネディのような精悍さ、若々しさを感じさせ、新しい風を吹き込むというようなカラーイメージ戦略を行っています。ケネディは濃紺のスーツに白いシャツ、赤いネクタイという出で立ちで、当時の白黒テレビでは、明暗のコントラストが協調され、強さ、若々しさ、やる気を感じさせました

ドレナリンといった覚醒ホルモンを分泌させて、全身を震い立たせる効果があります。また、テストステロンという、男性ホルモンの濃度を押し上げるという推測もあり、攻撃性を高める効果がもたらされます。ビジネスの場においても、アメリカでは色彩戦略を用いて、当時、ケネディ大統領が確固たる意志で臨む時には赤のネクタイを必ず使用したところから、経営者のトップクラスの人たちが、赤いネクタイをして出席する、パワーランチと呼ばれる昼食会があるほど。歴代のアメリカ大統領のコーディネートでも有名な赤。何か重要な商談をまとめたい時には、ネクタイやハンカチなどに、赤を取り入れてみるのもおすすめです。

Theme

色によって食べ物の味は変わるんです

色が人間に与える影響は人間の五感にも与えています。そんなとても興味深い実験結果をここでは紹介していきましょう。

同じカップでも色によって味の感じ方が変わります

▼

全く同じコーヒーを茶色、赤、青、黄色の4つのカップに入れて、被験者にそれぞれを飲んでもらい、味や芳香を4段階から回答してもらいました。すると下記のような結果になりました。

茶色…　約70%の人が、味や芳香が非常に濃いと回答

赤…　約85%の人が、味や芳香がやや濃いと回答

青…　約80%の人が、味や芳香がやや薄いと回答

黄色…　約85%の人が、味や芳香が非常に薄いと回答

全く同じコーヒーであるにもかかわらず、茶色のカップは、味が濃すぎて苦みを感じると言った被験者もいたり、黄色のカップは、アメリカンコーヒーのように、薄すぎると言った被験者もいたりしたほど。また、赤はやや濃い、青はやや薄い、と言う人が多いのです。

五感の中で8割以上を占める視覚の情報の中で、物事の印象を決める際、色が最も大きな割合を占めています。同じ中身でも、そのカップやパッケージ、また、そのものに着色する色によって、印象だけでなく、味覚さえも大きく変えてしまうのです。例えば、バターは本来白ですが、当時白のままで売り出したところ、ラードのような脂っこいイメージがすることから、全く売れず、薄い黄色に着色されました。すると、ま

人間は８割以上を
色で判断しているんです

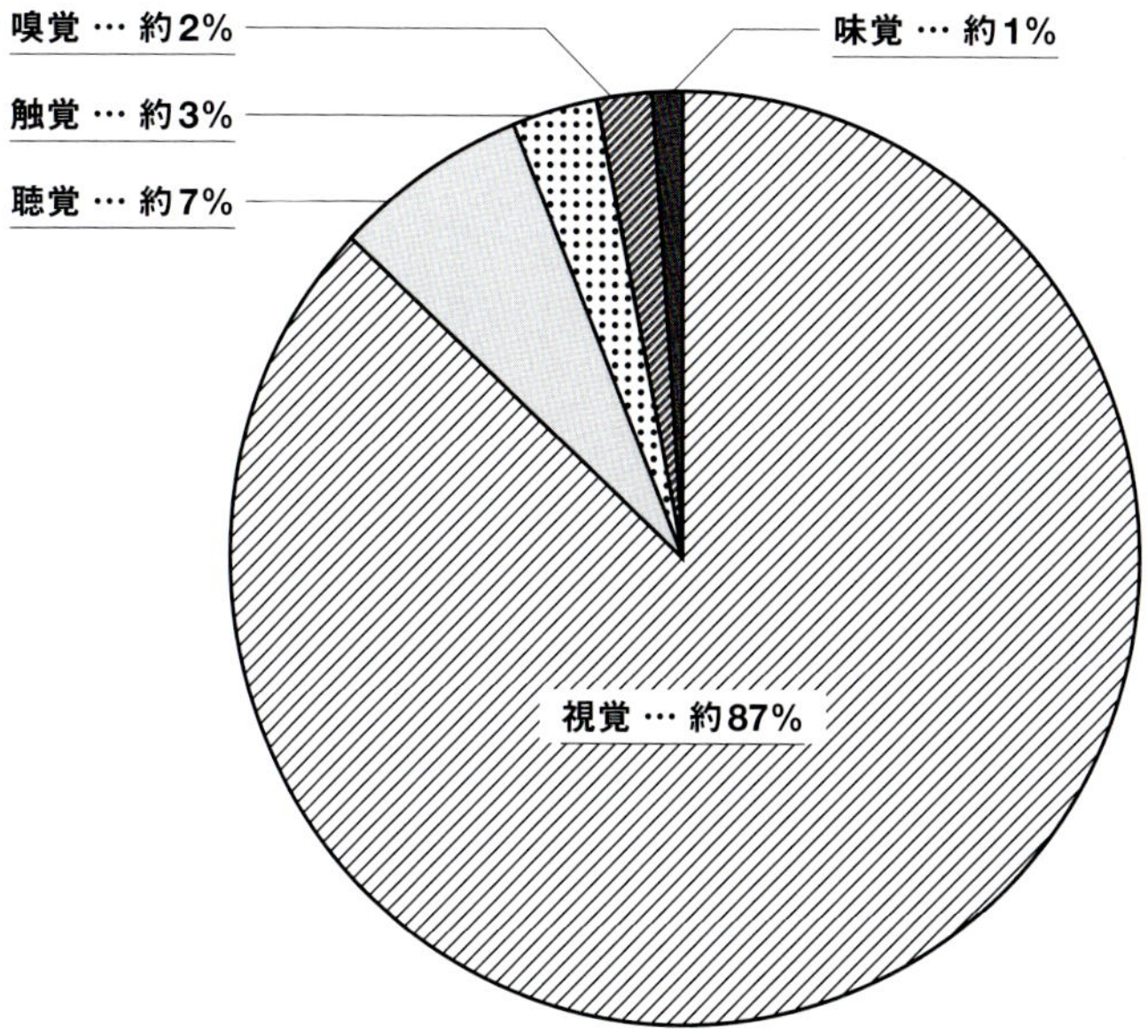

人間は、物事の判断を五感を働かせて感じているわけですが、その割合は、上記の通りです

ろやかな味わいのイメージがふくらみ、売れるようになったのです。ソーセージも当時は着色をしなければ、薄い茶色が、古く腐ってきたような印象を与えて、売れませんでした。また、ある実験では、りんごの銘柄をあてる実験だと称して、被験者に目隠しをして、鼻をつまんでもらって、生のスライスしたじゃがいもを食べてもらうと、被験者たちは、◯◯りんご？　とそれぞれの思うりんごの銘柄を言った、という結果もあります。テレビ番組でも、有名芸能人が、目隠しをされてしまうと、その美味しさや本物かどうか等がわからなくなるように、人は目で判断し、色に美味しさを左右されている、と言えるかもしれません。

Theme

色で治療する色彩療法は古代からつづいているのです。

人をあらわす英語humanという言葉は、「hue-man」、つまり、「色の人」を表す言葉でもあります。つまり人は色のエネルギーでできていると意味します。

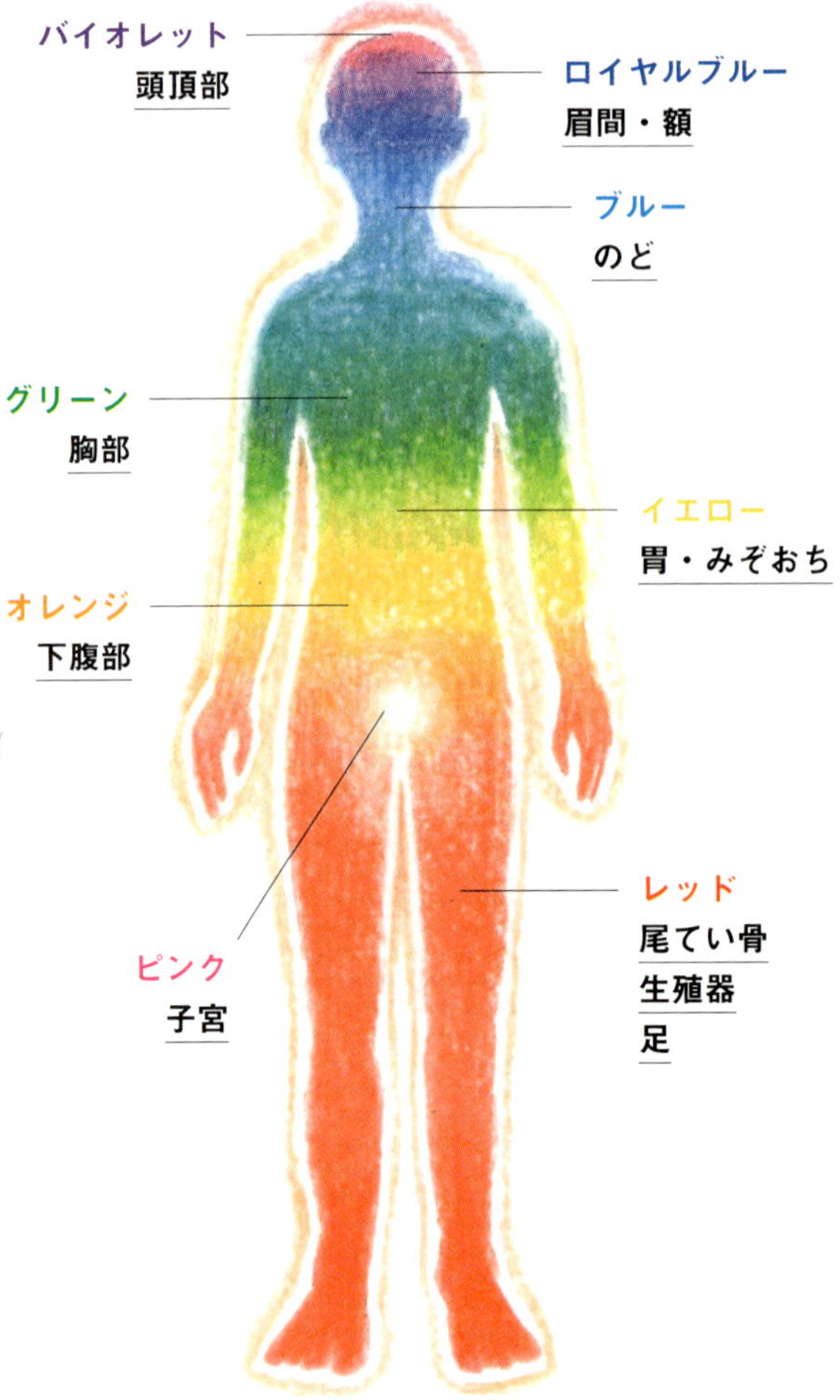

色彩療法の起源は、数千年も前の古代に遡ります。古代エジプトやインド、ギリシャ、中国などでは、すでに、色が発するエネルギーやパワーを利用して、色彩療法を行っていました。

今のように、カラーレーザーなどはありませんが、薄くて光の透ける布に、太陽光線をあてれば、いろいろな色の光を得る事ができます。例えば、黄色の薄い布で、テントのような部屋をつくれば、太陽光線を通して、黄色の波長

色と体の関係を表したのは
チャクラというインドの伝統的な考え方

チャクラとは、サンスクリット語で、「車輪」という意味で、エネルギーセンターのことを意味しています。人間には、虹の七色に対応するように、基底部から頭頂部に至るまで、生命をつかさどる、主に七つのエネルギーセンターが存在すると考えられ、それをチャクラと呼び、ちょうど、CDディスクや車輪が回転するように、それぞれのチャクラが、渦巻くエネルギーとなって、体全体を帯状に包むように存在していると考えられます。全ての人が、チャクラをもっていて、それぞれのチャクラが活性化して、全てのチャクラのエネルギーがうまくまわっていれば、心身ともに健全な状態といえます。反対に、チャクラが部分的に活性化していない場合は、不健全な状態となります。それぞれのテーマの色のバランスをとったり、足りない色を活性化したり、また、自分の特色の色を活かしていくことによって、心身ともに、充実していくのです。

バイオレット 第7チャクラ	クラウン／頭頂・・・・・精神的な要素に関わる
ロイヤルブルー 第6チャクラ	サードアイ／第三の目・・直観力に関わる
ブルー 第5チャクラ	スロート／のど・・・・・コミュニケーションに関わる
グリーン 第4チャクラ	ハート／胸・・・・・・・調和・愛の受け渡しに関わる
イエロー 第3チャクラ	ソーラープレクサス／太陽神経叢・・・神経・思考に関わる
オレンジ 第2チャクラ	ベリー／下腹部・仙骨・・自我・自立に関わる
レッド 第1チャクラ	ベース／基底部・・・・・生存欲求に関わる

だけの光線を浴びることの出来る部屋が作れます。それぞれの色の光の部屋に、飲み水や食べ物をおいて、色の光線を照射させたり、病人を寝かせたりして、治療に役立てていたのです。例えば、しょうこう熱の患者には、赤い服を着せて、赤い光の部屋に寝かせたり、胃が痛いという患者には、黄色の塗料を体に塗って、黄色い光の部屋に寝かせたり、頭痛がするという患者には、紫の布をまいて、紫の光の部屋に寝かせたり、といった治療法です。また、心と体は、つながっていますので、その色彩療法は、身体だけでなく、心をも元気にさせる効果があります。色は、副作用などの害がなく、心身ともに活性化されていくのです。

Theme

色を制すれば世界を制す

色の世界を理解すれば、相手との円滑なコミュニケーションがとれたりさまざまな場面でよりよい方向につながることができるのです。

人の印象は見た目で決まる メラビアンの法則とは

アメリカの心理学者アルバート・メラビアンが、人の第一印象は、3～5秒で決まり、その情報の大半は、視覚情報から得られるという概念を提唱しているもの。

視覚… *55*%

声のトーン・話し方… *38*%

話の内容… *7*%

人の印象は3～5秒で決まるのです

情報を読み取る際、色は、非常に大きな影響を及ぼします。

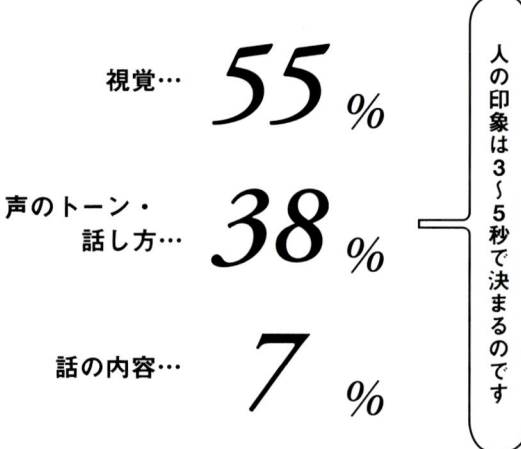

五感の働きでも、視覚が87%もの高い割合を占めることをご紹介しましたが、そのメラビアンの法則は、見た目などの、視覚情報が55%、声のトーン、話し方などの聴覚情報が38%、話の内容の言語情報が7%と言われています。

その人が、いくらいいことを言っていても、見た目の印象が悪ければ、話の内容までは、聞いてもらえない、とい

さまざまな分野で 色は大活躍しています

- 音楽
- 医学
- 哲学
- 科学
- 物理学
- 経済
- 心理学
- インテリア
- 民俗学
- 生物学
- ファッション
- 芸術

うことになります。見た目の印象は、着ている洋服の色でも、大きく作用しますし、また、表情さえも、違ってみせてしまう効果がありますので、初対面の人と会う際や、人とのコミュニケーションをとる際、色がとても重要な鍵となるでしょう。

　また、多様な現代人にとって、自分の特質、特色とは何か、自分のアイデンティティ、個性、色は何か、と自分に問うた時、色は、自分を見つめ直す最良のツールになります。

　そして、自分の色を受け入れられれば、他者の色の理解もまし、他者の個性を尊重できるようにもなりますし、他者をさらに深く受け入れられるようにもなっていきます。

　その結果、コミュニケーションカもＵＰし、対人関係もよくなっていき、ストレスも軽減していくでしょう。

　色は上記のような様々な分野でも活かされています。

　仮に、今すぐに、あらゆる分野の色の専門化になれれば、世界を制することも、夢ではないと言われます。

　しかしながら、あらゆる分野に精通するのはなかなか出来ることではありませんが、まずは、あなたの心の色をのぞいていきましょう。

　あなた自身をより理解していくことが、あなたの人生の世界を制する鍵となり、、今よりもっと幸せになる糸口が、いくつも見つかっていくでしょう。

に使う方法

心も身体も
ハッピーになる

色を効果的
教えます

日常の世界は様々な色に囲まれています。
洋服やインテリア、食べ物など色のない世界は考えられません。
周りにある色をちょっと意識するだけで
心も身体も変わっていくのです。
そんな人間に大きな影響を与える色の上手な使い方を
イラストや写真を使いながら愉しくわかりやすく紹介していきます!

Theme

カラーセラピーってなんだ？

現代社会で特に注目されているカラーセラピー。その背景には経済成長などとともに心のゆとりがもてなくなる人が増えたことで注目が集まっているのです。

カラーセラピーがいま注目される理由

- 心と体のバランスを取る療法
- 癒しに注目が集まるとカラーセラピーも注目を集めるように
- 薬物療法ではないので副作用がない
- 自己治癒力を高め心が豊かになる
- 心の窓を映す鏡でもある

ストレス社会の現代において、カラーセラピーは、さらに関心を集めています。

古代から多様に用いられてきた色彩療法ですが、一時は、科学や医学が発達するにつれ、陰をひそめた時期がありました。

しかしながら、1970年代のアメリカで、ベトナム戦争の後遺症などから心を病む人が急増したり、ドラッグが蔓延したりする背景の中、心と体のバランスをとる、

虹を見ると心が晴れるのはカラーセラピーそのもの。虹色を取り入れ幸せな生活を心がけましょう

「癒し」に注目が集まってきたのです。また、世界中で、経済成長と引き換えに、心のゆとりをなくし、画一化する世の中で、どのように生きればよいか、自分の存在意義は何か、など、思い悩む人々や、精神的に病む人々が急増してきました。薬物療法では、副作用の問題や限界があります。

　西洋医学だけでは補えきれないと、誰もが認識し始めた現在、自己治癒力を高め、心を豊かにする色彩療法カラーセラピーが重要視されています。

　私がカラーセラピーを勉強し始めた頃、自分のことなのに、自分で自分がわからない、という人が、周りにとても多くいらっしゃいました。

　当時の私は、自分のことなのだから、自分が一番わかっている、と思っていたのですが、カラーセラピーを勉強し続けるうちに、自分で自分をわかっていると思っていたことは、おごっていたのだ、ということに気付いたのです。

　いわゆる無知の知は、自分の内面を深く探る一歩となり、色が、それを助けるわかりやすいツールとなることがわかりました。

　カラーセラピーは、人類が多くの気付きをもつ現在では、自分を知るという、基本にして最終目標をサポートするという、大きな役割があるようです。

Theme

オーラソーマ®でわかる本当の自分のこと

あなたが選んだ色はあなたそのもの。自らの直感で選んだボトルや色は、あなた自身を映し出す鏡であり、色は、如実にあなたの心の内を語ってくれます。

オーラソーマは古代からの智恵である、色彩療法や色彩心理学、アロマテラピーとクリスタルセラピー、成功哲学などが組み合わさって出来ています。一つひとつのボトルには、色と植物、クリスタルのエネルギーが入っており、まさに古代の智恵が再結集されたもので、創始者のヴィッキー・ウォールは、「新しいボトルに入った、古いワイン」と表現しています。オーラソーマは、ヴィッキーの目が見えなくなってから、

オーラソーマとは、さまざまな色の110本以上のボトルから4本選ぶことによって、あなた自身の心を深く見つめ直すことが出来る、イギリス発祥のカラーケアシステム®です

つくり出された、奇跡のカラーヒーリングであり、もともとオーラを見ることができたヴィッキーは、失明してからさらに、心の目でたくさんの人のオーラ、色を見てきました。その結果、ボトルを選ぶ人自身が、その人自身のオーラの色と同じボトルを選んでいることに気付きました。人は、自分の色を自ら選びとることができ、必要な色を自ら使っていけるということを表していると思います。あなたの選んだ色を通して、その色を読み解いていくことで、あなたの心の真実に光をあて、悩みがあれば、その解決の鍵を、そして、特に悩みがなければ、より、充実した毎日をおくるヒントや気付きを得ていくことができます。

Theme

あなたの好きな色はどれですか？

オーラソーマ®の考えに基づいて、あなたの好きな色を選んでみてください。どんな色を選ぶかは直感で判断してみましょう。それがあなた自身の色なのです。

まずは直感で ふたつの色を選びましょう

レッド *Red*	コーラル *Coral*	オレンジ *Orange*	ゴールド（山吹色） *Gold*
イエロー *Yellow*	オリーブグリーン *Olive Green*	グリーン *Green*	ターコイズ *Turquoise*
ブルー *Blue*	ロイヤルブルー *Royal Blue*	バイオレット *Violet*	マゼンタ *Magenta*
ピンク *Pink*	白 *White*	黒 *Black*	茶 *Brown*

※同色を2つ選んでもOK

選んだ2色だけで
あなたの名刺をつくってみよう

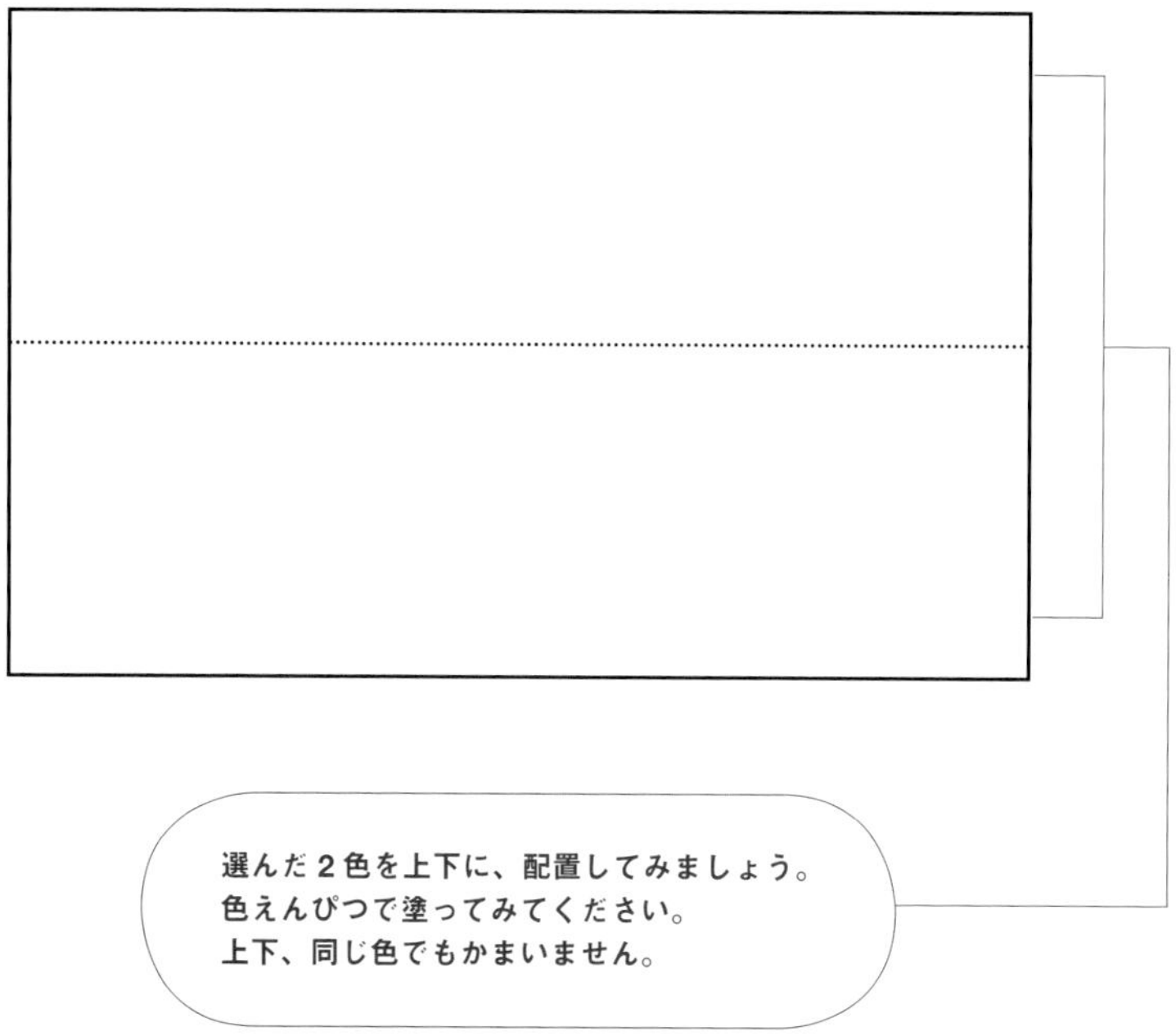
選んだ2色を上下に、配置してみましょう。
色えんぴつで塗ってみてください。
上下、同じ色でもかまいません。

右記の色から、直感で、2色選んで、上の図に配置します。色えんぴつで塗ってみましょう。この名刺は、地位や名声、会社などの肩書きも、人種や性別、住所、などの情報も一切関係ありません。美的センスやコーディネートではなく、直感で、気になる色、目を引く色を選びます。あなたの選んだ色は、あなたそのもの。名刺の下の色は、あなたの土台となる色です。あなたの潜在意識や本質を表します。名刺の上の色は、あなたの性格、外や他者にむけて、発信している表層意識を表します。あなたの選んだ色が、雄弁に、あなたを表し、語ってくれるでしょう。

Theme

あなたが選んだ色は本当のあなた自身なのです

選んだ色からあなたの心に簡単に迫ってみました。選ぶ色はその時の心理状況で変わりますので時々、選び直してみましょう。34ページからより深く解説します。

色		ポジティブ	ネガティブ
レッド *Red*		・エネルギーがある ・情熱的で活動的 ・義理人情に厚い	・直情的で短気 ・怒りっぽい面がある ・疲れている可能性
コーラル *Coral*		・家族を大切にする ・繊細な感性がある ・世話好きで優しい	・依存傾向がある ・傷つきやすい ・自己卑下の傾向
オレンジ *Orange*		・洞察力がある ・社交性がある ・陽気で明るい	・ショックなことがあった可能性 ・依存の傾向 ・手放しの必要性
ゴールド（山吹色） *Gold*		・知恵がある ・自己価値が高い ・自尊心がある	・成果にこだわる傾向 ・自己顕示欲が強い ・プライドが高い
イエロー *Yellow*		・明るくユーモアがある ・知識欲がある ・明晰な判断ができる	・神経質に考え込む ・甘えが強い ・自己中心的な面がある
オリーブグリーン *Olive Green*		・協調性がある ・粘り強さがある ・winwinの関係作りができる	・頑固な面がある ・苦々しい気持ちがある ・不満を感じている
グリーン *Green*		・安らぎを与えられる ・協調性がある ・聞き上手	・八方美人になる ・となりの芝生が青く見える ・優柔不断になる
ターコイズ *Turquoise*		・人道的 ・創造的 ・自由な芸術的表現ができる	・思っていることが言えない ・理想が高い傾向 ・劣等感がある

色		ポジティブ	ネガティブ
ブルー *Blue*		・平和的 ・信頼出来る人である ・冷静な判断ができる	・言いたい事がいえない ・孤独な面がある ・権威に弱い
ロイヤルブルー *Royal Blue*		・直感力がある ・先見の明がある ・落ち着いている	・逃避願望がある ・権威に弱い ・自分の世界にひきこもりたがる
バイオレット *Violet*		・精神的癒しを与えられる ・奉仕できる人 ・カリスマ性がある	・現実逃避願望がある ・喪失感の可能性 ・憂鬱な状態の可能性
マゼンタ *Magenta*		・慈悲深い ・細かい気配りができる ・小さなことに幸せを感じられる	・頑張りすぎる傾向 ・完璧主義的傾向 ・執着する傾向
ピンク *Pink*		・優しさ、思いやりがある ・母性がある ・親切で世話好き	・わがままな傾向 ・愛を求めすぎる傾向 ・ひがみっぽくなる傾向
白 *White*		・純粋 ・繊細 ・正直で正義感がある	・完璧主義的傾向 ・ガラスのハート ・潔癖
黒 *Black*		・強い信念がある ・意志が強い ・威厳がある	・心をとざしている可能性 ・ストレスがたまっている ・深い悲しみの可能性
茶 *Brown*		・落ち着きがあり堅実 ・安心感を与えられる人 ・包容力がある	・腰が重い ・保守的 ・人生の苦みを感じている可能性

▼ *Color*

義理人情に篤く
大きな愛をもっている人

赤

【あか】

▼ *Keyword*

情熱・生命力・エネルギー・外交的・活動的・行動力・サバイバル・グラウンディング・怒り・恨み・物質的・肉体的
物欲　欲求不満

▼ *Cakla*

赤は、基底部と呼ばれる、生殖器や足の部分であり、グラウンディングのエネルギーを表します。グラウンディングとは、この物質的な3次元の地球で、地に足をつけ、体を使って、実際的に生きて行くためのエネルギーです

傾向

- バイタリティにあふれる人
- お金を稼げる成功者が多い
- 物質欲が強くなりすぎる傾向
- 肉体を使うことが得意
- まっすぐで正義感が強い

赤は、血の色、火の色、太陽の色。エネルギーや生命力を表します。それゆえ赤を選んだあなたは、エネルギッシュで、生命力にあふれ、行動的で、活動的な質をもっています。

義理人情に篤く、大事な人のためなら、火の中水の中。自分を犠牲にしても助けに行くような、真っすぐな力強さがあります。

赤は、愛の色。真っ赤なバラが、情熱的な愛情を表すように、赤を選んだ人の愛は、とても熱く、激しく、時に真っすぐすぎて、パワーが大きいのが特徴。それゆえ、思い入れが強いので、その愛を受け取ってもらえないときには、怒りや不満、憎しみ、恨みに変わっていくことがあります。

真っ赤になって怒る、血気盛ん、という、言葉があるように、赤を選ぶ人は、直情的で、短気な面があるかもしれません。

また、赤は、セクシャリティを表す色なので、赤を選んだ人は、性的魅力にあふれている人も多いはず。身も心も捧げる、大恋愛に発展するこ

恋愛

熱く激しい

思い入れが強い

身も心も捧げる大恋愛

欲求不満で快楽に陥る傾向

自己犠牲ができる

適職

- ガテンな職業
- モデル
- ダンサー
- 格闘家
- スポーツ選手
- 冒険家
- セールスマン
- 起業家

とも多いですが、欲求不満、快楽に陥る、という面もあるので、注意しましょう。

赤の恋愛、生き方と言えば、わかりやすい例が、『カルメン』。男を魅了するエロスとそのダンスには、情熱のほとばしりを感じます。

映画『風と共にさりぬ』のスカーレット・オハラやレッド・バトラーも勝気で情熱的で、正直でまっすぐで、愛と欲望に生きる赤い生き方。スカーレットの若い時の赤いベルベッドのドレスは、それをよく物語っています。

また、赤十字のマークに赤が使われているように、赤を選んだ人は、博愛精神の持ち主。人のため、家族のため、地域の人のため、ひいては、世界や地球のために、そのエネルギーを注ぐことが出来る人です。ゴッドマザー的な大きな愛の持ち主といえるでしょう。

赤を選んだ人は、バイタリティにあふれ、精力的に活動し、お金を稼げる成功者も多いでしょう。また、その反面、物質欲が強くなりすぎる傾向もあるかもしれません。

赤は、肉体を表します。赤を選んだ人は、肉体を使うことが得意なので、ガテンな職業をはじめ、モデル、ダンサー、格闘家、スポーツ選手、冒険家などで成功するでしょう。そして、足を使って、人と会って商談し、契約を勝ち取るトップセールスマンや起業家にも、赤を選ぶ人が多いでしょう。

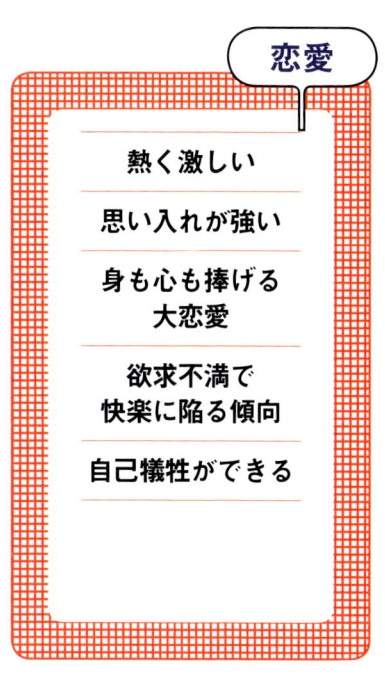

赤好きが見るべき映画『エビータ』

Check

映画『エビータ』では、貧しい女優志願の娘が、アルゼンチン大統領夫人になり、最終的に、貧困に苦しむ人々のために、身を投じていく、情熱と愛と欲望に博愛がプラスされた赤い生き方が描かれている。この映画では、マドンナが主人公エビータを演じているが、私以外に適役はいないと、必死になって役を勝ち取ったといわれている。エビータの気性の激しさ、情熱的に男性を魅了しながらも純粋で、自分と民衆のために自らの道を真っすぐに歩んでいく姿に自分を重ねあわせ、似た部分を感じたのだろう。

日本では魔除けの色、呪術の色

Check

古来より日本では、赤は、魔除けの色、呪術の色と言われている。神社に赤い鳥居が多いのは、中国からの風習で、赤でも特に朱色には、厄除けや疫病除けの意味がある。その朱色の原料には、古代から辰砂が使われ、水銀の原料であり、木材の防腐材としての効果もあると言われている。

辰砂は、血と同じ色であることから、古代から、呪術や魔除けとして使われてきた歴史があり、古墳の内壁や、壁画に使用されている。

旧石器時代の壁画が残存するアルタミラの洞窟にも、赤が多用されているが、この赤には、死への恐怖と生への渇望が感じられる。

Check

赤はハレの日に欠かせません

紅白饅頭、赤飯、お祭りや祭日の垂れ幕、還暦の赤いちゃんちゃんこなど、日本では、赤はお祝い事を表す。還暦に着る赤いちゃんちゃんこは、60歳でまた赤ちゃんに還る。赤ちゃんのような生命力をまた吹きこむ、活発な新陳代謝をとり戻す等の意味がある。

Check

赤い布はお客さんを興奮させるため

闘牛の際、スペインなどでは、闘牛士が赤い布をもって、牛を挑発しているが、牛は、色盲なので、赤い色をみることができない。牛が興奮してくるのは、布のヒラヒラとした動きであって、赤い布を使うのは、見ている観客を興奮させるためである。

Check

赤には温める効果がある

赤は赤外線の隣に位置する色。赤には暖めるパワーがあるので冬におすすめ。血の色である赤は、血液の循環を活性化させる働きがある。ただし、若い女性が赤い下着を着るとフェロモンまで活性化するのでチカンに注意！

Check

広告には欠かせません

赤は、注目色、誘目色として、広告物に多用されており、売り出しのSaleの文字に必ず使われる。赤は、注目させるだけでなく、興奮を呼び起こす色。「買わないと損だ」と思わせるような、血わき肉躍らせる色だ。

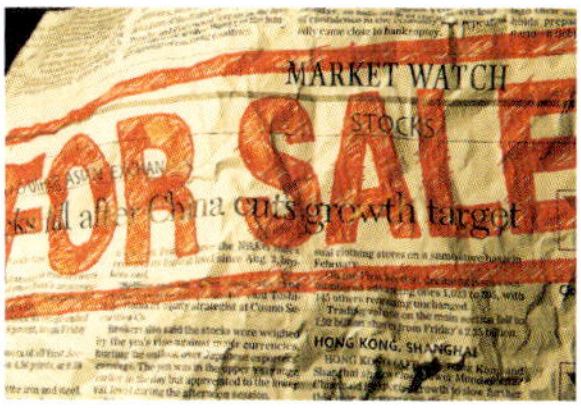

傾向

明るく陽気

社交性が高い

自分の度量・土台を築いていける人

前向きで向上心がある

物事を見極める洞察力に優れている

▼ *Color*

社交性が高く太陽のような笑顔で周囲に元気を与えます

橙

【 オレンジ 】

▼ *Keyword*

洞察力・社交性・陽気・至福・向上心・独立心・自立心・満足感・ショック・トラウマ・依存症・恐怖

▼ *Cakla*

下腹部、ハラの色。肚をすえる、肚の大きい人物、という言葉があるように、オレンジを選んだあなたは、自分の度量の中で、根本の自分を知り、力強く生きるための、前向きのエネルギーをもっています。その反面、その自分の肚を試されている時や、オレンジのパワーが必要な状態の時にも選ぶ色です。

Check

ファミレスはオレンジが多い

オレンジ色は、食欲色ということだけでなく、明るい団らんをサポートしてくれる色である。また、あたたかさを象徴する色である。

オレンジ色といえば、みかんやオレンジ。

みかんは、たわわに実る、というイメージから、団体へのかかわりを表します。それゆえ、オレンジを選んだあなたは、社交性の高い質をもっているでしょう。

みかんやオレンジは、ビタミンが豊富な食べ物。さんさんと太陽の光をあびて育ったこの色は、ビタミンカラーと言われ、元気を与えてくれる色です。オレンジを選んだあなたは、太陽のような笑顔で、周囲に元気を与えてあげることができます。

オレンジは、チベットやタイの僧侶の法衣の色。この色は、克己心、向上心、その上での至福感を表します。自我を手放し無我の境地に達する

恋愛

華やかデート志向

サプライズを好む

玉の輿にものりやすい

相手が途切れることなく次の恋愛にうつっていける

適職

- イベント運営
- イベント司会
- 企画・マーケティング
- 販売促進
- ウェディングプランナー
- 芸能タレント
- 商社マン
- サービス業
- 独立経営

Check

サッカーの応援でオレンジ一色になるオランダ

サッカーのオランダ代表のユニフォームはオレンジ色。起源はオランダ建国の父オラニエ公の名前が英語でオレンジ色ということから。「世界は神が作ったが、オランダはオランダ人が作った」と言われている。オランダは質のよくない土地を、自分たちの力で風車を利用してよりよい土壌に作り上げていったという、創造性、精神的強さ、団体力、粘り強さを有しており、まさに色彩心理的にもオレンジがぴったり。

ために修行している者の色です。また、親しい人が亡くなって癒されない状態であるとか、リストラされたり、友人に裏切られたりなど、ショックなことがあった時、オレンジは、そのパワーを与えて、自立して歩んで行くサポートをしてくれます。嫌なことやストレスは、腹にたまっていくもの。チャクラのオレンジの部分に位置する大腸は、必要な栄養素を取り入れ、不必要なものを排泄する器官です。ストレスなどで、働きが滞りなく行われないと、便秘になったりするもの。それと同様に、オレンジを選んだあなたは、便秘を解消するように、腹にたまったショックやストレスを解放していく必要があるかもしれません。

▼ *Color*

笑いやユーモアが好きな
人を愉しませることのできる人

黄色

【 イエロー／ゴールド 】

▼ *Keyword*

明るさ・ユーモア・笑い・楽しさ・ポジティブ・知識欲・明晰性・希望・幸せ・喜び・気づき・神経質・批判的・混乱・裏切り・甘え・エゴ

▼ *Cakla*

胃、みぞおちあたりの色。この周辺は、肝臓、腎臓、脾臓など、様々な臓器があり、神経が絡み付く場所。神経細胞の間の情報伝達が電気のフラッシュのようなもので、電気の色といえば黄色ということから、黄色は神経の色、と言われています。

傾向

- ユーモアがあり楽しい人
- 知的好奇心旺盛
- ポジティブとネガティブの落差大
- 自己中心的になる傾向
- フットワークが軽い

黄色は、その色の明るさから、笑いやユーモア、楽しさを表します。

イエローを選んだあなたは、人を楽しませることのできる、明るく楽しい人でしょう。

『幸せの黄色いハンカチ』という映画があったように、日本では、幸せ、希望を表すことが多い色です。

しかしながら、イエロージャーナリズムという言葉があるように、そのライトさが、軽薄、低俗と見られたり、くちばしが黄色いという言葉のように、未熟という捉えられ方もあります。

ゲーテは、「イエローは光にもっとも近い色彩である」「黄色は心を朗らかにする」といっていますが、その反面、光が強ければ、生み出す闇も深く鋭いということを、語っています。また、スイスの芸術家ヨハネス・イッテンは、「イエローはあらゆる色相の中で最も多く光を与える色である。光をあててみるということは、隠されていた真実を認識するようになることだ」と言っています。色は、コインの裏表のようなもの。表裏

恋愛

友達から恋人になりやすい

甘えたいが主導権はにぎりたい

まめに連絡をとるタイプが多い

いろいろなイベントを楽しむデート

わがままになりやすい傾向

適職

- 小学校の先生
- 幼稚園の先生
- お笑いタレント
- ツアーコンダクター
- 飲食業
- 経理
- 経営者
- 科学者
- 技術者

一体、プラスの意味とマイナスの意味を合わせもちますが、黄色は特に、その特徴が強い色かもしれません。

例えば、プラスの状態では、明るく、ポジティブシンキングな人が、いったんマイナスの状態に陥ると、ネガティブ思考に陥り、不安と恐怖で仕方のない状態に陥ります。

神経質に考え込むのも黄色を選んだ人の特徴の一つです。胃の周りの神経が、スムーズにつながっていれば、光を当てて見たかのごとく、何事も明晰に、賢く、論理的に判断できるのですが、神経がからみついてスムーズでないと、胃がムカムカして、緊張し、考えすぎてしまうのです。

また、胃のあたりは、体の中心。物事の考え方を、プラスの意味では、自己主張していける人ですが、マイナスに転ぶと、自己中心的でわがままになることもあるでしょう。他人に対し、批判的な態度をとってしまうこともあるかもしれません。

例えば、小さな子供が、弟・妹が産まれると、よく黄色を選ぶことがありますが、その場合は、「私を見て」「かまってほしい」のサイン。黄色は、寂しさ、甘えたい心を表すこともあります。

黄色は、光に近い希望の色。黄色を選んだ人は、美味しいものを食べて、胃を満足させている状態のような、ハッピーオーラの持ち主。知的好奇心旺盛で、いろんな習い事を楽しんで吸収していける人です。

Check

黄色の画家といえば ゴッホ

ゴッホは燃えるような黄色で数々の名作を残している。ゴッホは、生まれる前年同月同日、産まれてすぐに死んだ兄と同じ名前であることから、両親の愛は兄を見るもので、自分を見てくれていないと思う。自分の存在を確認したい、自分を見て欲しいという不安が、精神的もろさを生み出し、自己虐待や狂気的表現をうみだす。敬愛するゴーギャンとの破綻も、その精神的もろさを助長させていく。弟テオへの依存心も強い。

Check

黄色は危険を 知らせるときに使われる

黄色は、アイキャッチの色。踏切の遮断機等、黒との組み合わせで、危険を知らせる表示に使われる。視認性の高い色であり、幼稚園児の帽子やかばん、長靴などに、黄色を使うのも、いち早く存在を知らせ、危険を回避させるためである。小学生のランドセルにも、黄色いビニールシートをかぶせることがあるが、夜は特に目立ち、交通安全に一役買っている。

Check

黄色は 最高神を表します

黄色は、古代エジプトでは、最高神の太陽神を表す。生命、永遠、豊かさの象徴だ。多くの日本人は、太陽の絵を描く時、赤を使うが、欧米人のほとんどは、黄色と認識している。また、中国思想の陰陽五行では中央を表し、皇帝を表す。光輝く黄色は、金色とも通じ、特別な色と見なされることも多い。

▼ *Color*

自分の意志で物事を成し遂げていけるはず

ゴールド

▼ *Keyword*

知恵・賢さ・自己価値・自己実現・歓び・達成感・自信・エゴ・見栄・恐れ

Check

ゴールドは結婚の象徴

現在、結婚指輪はプラチナが主流だが、昔はゴールドであった。ゴールドは、昔から、不変の象徴であり、その輝きは永遠を表す。また、富、豊かさの象徴であるため、結婚の誓いには、ぴったりのものであった。

ゴールドは、ピカピカの金色の意味を含みながら、黄色に少し赤を足した山吹色のような、黄色が深まった色あいのことを、呼称しています。

黄色の光輝く本質を基本に、黄色のライトな感じだけではない、赤の生きる重さを加えて出来る色と言えるでしょう。

チャクラでは、ちょうど、丹田のあたりの色。精神修練の際、体の重心を感じ、意識を向ける場所であり、センタリングを表す色です。ゆえに、ゴールドを選んだ人は、自分の中心を感じて、自分の意志で、物事を成し遂げていく、自己実現の道を歩んでいける人でしょう。自尊心をもって、自己価値を追求していける人です。

しかし、イエローと同様に、キラキラピカピカ輝いていける反面、ネガティブにおちいった時には、恐怖と不安がおそい、つい昨日までもっていた自信を、完全になくしてしまったり、自尊心が、不要なプライドになってしまうことがあります。また、エゴが強くなり、周りを批判したり、支配したいと思ってしまうことがあるかもしれません。ポジティブな時は、不変の金のように、身も心もぶれない強さをもっていますが、自信をなくし、自分の中に満たされない空虚感を感じる時には、金メッキのように、自分を飾りたい、輝く存在に見せたいと見栄を張ってしまうことがあるでしょう。

▼ *Color*

安心感と
安らぎを与えられる人

緑

【 グリーン／オリーブグリーン 】

▼ *Keyword*

リラックス・リフレッシュ・安心・安全・安らぎ・調和・協調性・バランス・ハートの真実・方向性・決断力・再生・スペース・嫉妬・優柔不断・八方美人

▼ *Cakla*

肺や心臓のあたりに位置する色です。山や公園など、自然の緑を感じられる場所に出かけて、大きく深呼吸し、緑のエネルギーを肺いっぱいに取り入れてみると、リラックスし、素直な自分に戻れ、癒されます。

傾向

- 協調性がある
- 周りの人の相談にのることが多い
- 八方美人と言われることも
- 愚痴の聞き役になりやすい傾向
- 隣の芝生が青くみえる傾向

代表的な緑色といえば、植物の緑。自然を感じさせる植物の緑が、人々に安心、リラックスを感じさせるように、緑を選んだあなたは、周りの人に、安心感、やすらぎを与えられる人です。緑は、酸素を光合成し、豊かな世界を作り上げる、なくてはならない地球の彩り。ゆえに、新しい生命力を感じてリフレッシュできる色ですし、また、恒常性を感じて、落ちつく色です。

特に自然の緑に囲まれた時に感じる癒しの中では、深呼吸で肺が膨らむように、ハートのスペースも膨らんで、心のゆとりがうまれます。そして、自然体の自分に戻り、自分のハートの真実がみえてくるようになります。自分のハートが、本当に求めているもの、自分が本当にやりたいことは何か、緑は、自分の方向性を探るサポートをしてくれます。また、自分のハートに従って決断するサポートをしてくれるでしょう。緑を選んだあなたは、一緒にいる人に、自然にいる時のような穏やかさを与えられる人ですから、

恋愛

安心できる相手を探す傾向

その反面、赤い人に引っ張られる形の恋愛も

家族のような関係性

ハートのつながりを重視

適職

・公務員
・環境活動家
・植林等、山に関する仕事
・介護士
・ケアマネージャー
・接客業
・図書館司書

よく、周りの人の相談にのることが多いでしょう。虹の七色の真ん中の色であることからもわかるように、周りの人とバランスをとりながら、協調していける人です。

時には、その優しさから、双方の話に耳を傾け、どっちつかずの八方美人と言われてしまったり、優柔不断になったりすることがあるかもしれません。

複数の友人に挟まれた関係の人や、中間管理職の方、また、まわりの人の愚痴の聞き役になってしまう方も、緑を選びたくなることがあるでしょう。

隣の芝生が青い、という言葉があるように、緑を選んだ人は、周りが羨ましく思えることも多いかもしれません。

安心、安定の緑ですが、安定はつまらなさを感じることもあります。自分が保守的であるがゆえに、周りの自由さを羨ましく思うと、嫉妬につながりやすくなる色でもあります。

また、緑を選んだ人は、自分にとって、たいしたことではないことは、相手に譲ってあげられる人ですが、自分が大事だと思うことは、とても頑固に貫き通す面も、もちあわせているでしょう。

また、緑は、green youth（青二才）、green age（若い世代）green horn（初心者・だまされやすい未熟者）、などといった言葉もあるように、若く未熟という意味があります。明るい緑はフレッシュさとこれからの成長を表します。

Check

再生の緑を表した『マトリックス・リローデッド』

映画『マトリックス・リローデッド』は、グリーンをイメージカラーにしており、イベントでは、レッドカーペットならぬ、グリーンカーペットを用意していた。このグリーンは、死の世界からの復活、生を、意識を呼び覚ませというような意味を感じさせる。日常ではない、得体のしれない不思議な感じが、見事に表現されている。

Check

茶の色は日本人の精神性をも表す

日本人といえば、緑茶。飲むと、ホッとした、深いリラックスを感じる。紅茶は欧米からやってきた文化であり、色も赤系で、欧米人のはっきりとした印象と同じであるのに対し、緑茶は、日本の文化であり、中間色の緑は、日本人のノーともイエスともいわない、あいまいさ、中間をたもつ、和をもって尊しとす、というような、概念さえ象徴している。

Check

人間にとって大事な緑色野菜

もっとも身近な緑といえば、食べ物の野菜の緑。野菜は、人間の体を機能させるために、なくてはならないビタミン類を多く含んでいる。ビタミンとは、ラテン語でvita「生命」に必要なアミンの意があり、微量で生体の正常な発育や物質代謝を調節し、生命活動に不可欠な有機物である。野菜の緑にも、緑の調整機能があるのだ。

▼ *Color*

**自分の意志で物事を
成し遂げていけるはず**

オリーブグリーン

▼ *Keyword*

協力共同創造・協調性・winwinの関係・調和・粘り強さ・頑固・苦み・女性的リーダーシップ

Check

死や人生の苦みを表す『グリーンマイル』

映画『グリーンマイル』の死刑台までのくすんだグリーンの廊下は、死への道や、まげられた真実などを暗示している。死体は緑みをおびる、というが、緑は、フレッシュなイメージの反面、朽ちていくと、生気がなくなり、暗くおどろおどろしいものにも変わる。

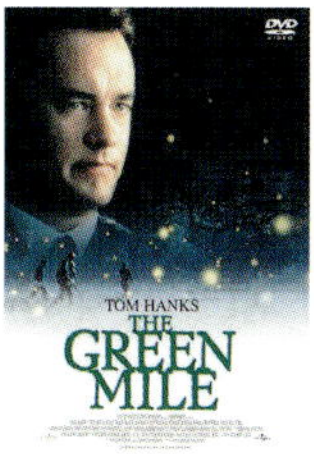

オリーブの木は、乾いた大地や斜面といったような、どんな辺境でも、しっかり根をはり、すくすく育つ木と言われています。

　オリーブグリーンを選んだ人は、オリーブの木のように、どんな環境でも、根気強く、こつこつと土台を築きながら、頑張れる人でしょう。また、オリーブの実は、そのままでは食べられませんが、時間と手間をかけて、酢漬けにしたり、オリーブオイルを抽出したりすることで、おいくし食べられますし、また、オイルは、化粧品や医薬品にもなる優れもの。

　オリーブグリーンを選んだ人は、時間はかかるかもしれませんが、こつこつ頑張った結果、プラスαの成果を得られる可能性を秘めています。

オリーブグリーンは、緑を基本に黄色を足して出来る色です。日本の色名では、抹茶色のような色あい。オリーブも抹茶も、もとは苦みを感じるように、オリーブグリーンを選んだ人は、人生の経過途中にあり、なかなか結果が出ず、苦々しい思いで過ごしている時かもしれません。緑の自分のハートの中の真実を大事にしながら、黄色の自我が加わった色なので、辛抱強さの反面、頑固さも、持ち合わせています。また、緑の調和を土台に黄色の光、意志で統率していくことによって、ジャングルではなく、ガーデンを築くような、協力共同創造のリーダーシップをとっていくことが出来る人でしょう。

傾向

つねに冷静に
落ち着いた判断
行動をする人

言いたい事を
言えない

〜ねばならない
という気持ちが
強い傾向

穏やかで平和的

自己探求できる人

▼ *Color*

衝動的な行動に走らず、
冷静に、判断、行動をする人

青

【ブルー／ターコイズ／ロイヤルブルー】

▼ *Keyword*

平和・冷静・信頼・内向性・コミュニケーション・神聖・自由　創造力・理知的・父性と母性・権威・忠実・孤独・悲しみ・憂鬱

▼ *Cakla*

青は、のどの色。話すということに関わりのある色ですが、青を選ぶ方の多くは、言いたい事がいえない、自分の感情を言葉に出せないといった人が多いかもしれません。しかし青を選んだ人は、言葉を飾らない、真っすぐな人ともいえます。

青は、内向性を表し、求心的で、自分の内側に深く冷静に入っていく色。青を選んだあなたは、衝動的な行動に走らず、常に冷静に、落ち着いた思考、判断、行動をする人でしょう。

一方、内側に入るということは、孤独感、寂しさを表します。

ブルーマンディー、マリッジブルー、マタニティーブルー、という言葉があるように、憂鬱さを表す色です。

また青は、大きな海、広々とした空、さらには、深遠な宇宙の色でもあるので、果てしない自由を表し、その自由は、主に、精神的な面を表すでしょう。青を選んだあなたは、自分の内面を深く掘り下げていくことができる、自己探求の人。そして、その先に得た内面的成長は解放感につながります。青は、神聖な色。仏教でも「一切空」という言葉があるように、青を選んだ人は、精神的な成長の先の自由を希求している人かもしれません。

また、内側に入っていく色ですので、空想力、想像力に

恋愛

信頼出来る人を選ぶ傾向

話しのあう人、共感できる人を好む

気持を伝えられないままで、片思いに終わることも

相手にあわせる傾向

けんかを好まず我慢する傾向

適職

- 作家
- 画家
- 編集者
- 弁護士
- 先生
- アナウンサー
- 司会業
- Webデザイナー
- IT関連

たけた方が多く、執筆などの文化的才能や絵画等の芸術的才能をお持ちの方も多いでしょう。例えば、作家の湊かなえさんは、あるインタビューで、「刑務所の独房にずっといると、気が狂いそうになる人がいると聞きますが、信じられない、私だったら、独房のような、誰にも邪魔されない空間にずっといられたら、ずっと空想を楽しめて、自分の世界に入り込んで、もっと小説をかけそうです」というようなコメントをしていらっしゃいました。青の気質・才能があり、開花した方でしょう。

青を選んだ人は、言葉を飾らない、真っすぐな人であり、的を射た視点で、客観的に物事をみることができる人です。

自分のプライベートなことや感情に関わることでない場合には、流暢に話すことが得意な方も多いでしょう。しかし、青には、保守的、抑制的などの意味もあり、真面目に生きなければならない、規律を守らなければならない、といった、自制心を表し、特に、地位の高い人、目上の人、父親など、権威に弱い面がありまず。権威のある人には、文句を言ったり、逆らったりすることができませんし、忠実な部下となり、内側にストレスや不満を溜め込むことも多いでしょう。日本人は青を好む人が多く、穏やかで平和的な民族性を表すとともに、真面目で、従順といった民族性も表しています。

Check

青好きが観るべき映画『グランブルー』

リュック・ベッソン監督の映画「グランブルー」では自分の内側の感覚に深く入っていく、とても求心的な青年の生き方が描かれている。
映画のモデルになった実在のフリーダイバー、ジャック・マイヨールは、「ある深さまでもぐると宇宙の静寂のなかで聞こえるような不思議な音を感じる。音というより波動といったらいいようなものに包まれて、自分と外界との境界線が溶けてしまうような、生と死が一つになったような感覚になる。その深海の領域をグランブルーと呼ぶんだ」といっている。

Check

ジャパンブルーはニッポンの象徴

日本は古くから藍染めの技術が発達しており、藍染めの薄い順番から、藍白、水縹、瓶覗、水浅葱、浅葱、縹、藍、紺、留紺といった、青を表す、様々な伝統色がある。ギリシャ出身の記者であり、小説家、日本研究家でもある小泉八雲は、「日本は藍の国だ」と言っているし、英国人科学者R. アトキンソンは、藍色を「ジャパンブルー」と言って、称賛したという。サッカー、日本代表チームのユニフォームにもジャパンブルー、サムライブルーが使われているのもニッポンを象徴する色として採用されたといえるだろう。

孤独や悲しみを描いたピカソの青の時代

Check

パブロ・ピカソの絵は、作風の変化にあわせ、「青の時代」と呼ばれる時期がある。親友カサヘマスの自殺に大きな衝撃を受け、青を基調とした色調で、カサヘマスや乞食、盲人、娼婦、道化師、洗濯女などを描いており、自分の中の孤独や悲しみが、キャンバスに青く染められている。ピカソは、「技術は悲哀と苦悩の娘、悲しみこそ瞑想の場である」と言っている。

内に秘めた強い悲しみ怒りをも感じさせる色

Check

ブルーリボン運動は、北朝鮮に拉致された日本人拉致被害者を救出するための運動であり、拉致被害家族の方や、政府の関係者、応援する方々が、胸にブルーリボンバッジをつけている。この色は、空と海のブルーに由来し、「近くて遠い国の関係である日本と北朝鮮の間で、空と海だけが国境無しに続き、拉致被害者とその家族や日本人が空と海を見上げて、同時に再会の時を想定している事」を意味している。このブルーには、解放を希求する強い意志が表れている。

冷静さを喚起させるのはプロの世界でも実証済み

Check

ヤクルトの元キャッチャー古田選手は、当時、石井投手のコントロールをよくするために、茶色のミットを青に変えた。青の冷静さ、落ち着きをもたらす効果、求心性、集中力を高める効果を利用し、さらには、肩と膝パットには、アイキャッチのため、黄色を配した。その結果、見違えるようにコントロールがよくなったと言われており、多くの投手に赤色と青色の的にボールを投げさせた実験では、青色に命中する確率は赤色の的よりも３倍も高いというデータもあるようだ。

Check

交流の国 トルコとターコイズ

トルコ石のことをターコイズと呼ぶが産出されたのではなく貿易地トルコを経由して広まったからだとも言われている。トルコは、西洋東洋の文化を自由に取り入れた国。ターコイズ色にも、自由に取り入れる、広がる、多くの人へのコミュニケーションの意味がある。

▼ *Color*

自由で遊び心をもった ストレスを解消できる人

ターコイズ

▼ *Keyword*

マスコミュニケーション・創造性・個性的・フィーリング・自由・人道的・孤独・劣等感・自己探求

ターコイズは、青に、少し黄色を足して出来る色あいで、南国の美しい海の色です。ゆえに、青の質、意味を基本としながら、黄色の楽しさユーモアさをプラスした意味となります。

　ターコイズは、イルカの色とも言われますので、ターコイズを選んだ人は、イルカのように自由で遊び心をもった人でしょう。イルカは、プールであっても、その中での自由・遊びを満喫しているようにも見えます。ターコイズを選んだ人も、この画一化された社会の中にあっても、趣味などを通して自分の時間を楽しむことにより、ストレスを解消出来る人でしょう。

　また、青の自分の内側を大事にする面を本質に、黄色の自我がプラスされますので、個性的な面があるかもしれません。

　フィーリングやインスピレーションを大事にする人ですから、青の執筆の才能に加え、絵やダンス、料理や手芸等、様々なかたちで、クリエイティブな才能に恵まれているでしょう。

　しかし、自分の内側に、感じることがたくさんあふれすぎて、思っていることをうまく口で表現できない、という面もあるかもしれません。表面は明るい南国の海も、海の底は冷たく、どこまでも沈んでいくような深さがあり、孤独感や劣等感を抱くこともあります。海の奥深くまで、自分とは何かを探求していく色といえます。

▼ *Color*

直感力に優れていて一代で
会社を成功させることも

ロイヤルブルー

▼ *Keyword*

直感力・サイキック能力・深い平和・秘密主義・逃避主義・厳格・権威・困難・憂鬱・孤独・孤高

Check

王族の石はスピリチュアル

イギリス王室の石サファイアや、霊的な石ラピスラズリなどは、α派やβ派といった高周波の宇宙線をキャッチして、インスピレーションや冷静な判断力を高め、サイキックな能力を開化させるという。どちらも、古代より、王族の装飾品によく使われた石である。

ロイヤルブルーはイギリス王室の公式カラーであり、ブルーブラッドという言葉は血統の良さを表します。また、チャクラでは、眉間にある、第三の目を表しますので、ロイヤルブルーを選んだ人は、直感力に優れた人でしょう。

中世なら、王様の直感力、判断力をもとに、国の運命が握られたわけですが、現代では、その直感力、先見の明を駆使し、一代で、会社を成り立たせる、という人もいらっしゃいます。

日本では、ロイヤルブルーというよりも、明るい紺色、といった方が、なじみがあるかもしれません。制服によく使われる紺色は、服従を表します。明るい青に比べ抑制感が強く、厳格で、圧迫されている感覚が強くなります。

ゆえに、目上の人や権威、はたまた、画一化された社会において困難を感じることも多く、自分の中に閉じこもり、秘密主義であったり、逃避主義的傾向に陥ることもあるでしょう。

明るい青は、空や海のイメージが強いのに比べ、ロイヤルブルーは、宇宙を思わせる深い青です。よって、明るい青よりも、さらに、自分の内側深くに入り込む傾向が強く、孤独を感じている、孤高の人かもしれません。

ロイヤルブルーは、青をベースに少し赤を加えて出来た色。よって、青紫に近い感じの色になりますので、紫の章も参考にしてみてください。

▼ *Color*

精神性が高く
癒し・奉仕ができる人

紫

【 バイオレット／マゼンタ 】

▼ *Keyword*

癒し・神秘性・奉仕・精神性・高貴・カリスマ性・芸術性・変化・変容・（精神と肉体の）バランス・二元性・スピリチュアリズム・現実逃避・喪失感・悲しみ

▼ *Cakla*

チャクラでは、頭頂の色。赤が地に面する足の部分で、物質性を表すのに対し、紫は、天に近い頭の部分で、精神性を表す色です。

傾向

- 陰陽バランスよく合わせた包括的思考
- 神秘的な魅力
- 美意識が高く芸術性に富む
- 哲学やスピリチュアリズムに興味
- 現実逃避に陥る傾向

紫は、赤と青という、相反する性質が混ざり合って出来ている色。情熱的で外交的な赤と冷静で内向的な青という複雑で包括的な思考、感情を秘めています。他にも、陰と陽、女性性と男性性、肉体と精神、右脳と左脳、大人っぽさと子供っぽさ、理想と現実など、二律背反な面を融合させた神秘の色です。ゆえに、紫を選んだあなたは、二元性をバランスよく組み合わせている、不思議な魅力にあふれた人でしょう。

かの、クレオパトラも、紫色を愛し、その運命をかけて、シーザーを誘惑する時に使った色であるとも言われていますし、日本でも、美空ひばりさんや、美輪明弘さん、美川憲一さんなどが、こよなく紫を愛しているということは有名です。紫を好む人は、カリスマ性があり、芸術性にとんだ、美意識の高い人が多いでしょう。

また、昔は、紫の染料が高価だったことから、高い身分の人しか着ることができず、高貴、荘厳、上品、優美等の意味があります。高僧の袈裟

恋愛

お互いに尊敬できる相手を求める

自分の世界をもっていて、付かず離れずになる傾向

精神的に高め合っていける間柄

ナルシスティックになる傾向

適職

・宗教家
・ヒーラー
・セラピスト
・占い師
・画商、コレクター
・芸術家
・デザイナー
・研究者
・神秘学者

の色や、ローマ法王のローブの色に見られるように、精神的権威のある人、他人に奉仕をしている人が身につけてきた色であり、癒し、奉仕の意味もあります。紫を選んだあなたは、精神的に豊かで、人の役に立つ仕事をしたいと思っていたり、実際、ボランティア活動をしていたり、哲学やスピリチュアリズムに興味をもっていることが多いでしょう。

しかし、その二面性のバランスをとることも難しく、思い悩むことも多くあり、引きこもり等、現実逃避にはしったり、自虐的になったりすることもあるかもしれません。人は、理想や精神論、祈りだけでは生きていけません。しかし、現実を実際的に生きるというバランスを欠いた状態に陥ってしまうと、逃避的になってしまうのです。また、不安や憂鬱を表し、狂気にも変わる色でもあり、死をイメージさせる色でもあるので、愛する人との別れや死の悲しみ、不幸を表すこともあります。紫はその二面性から、高貴の裏返しで、使い方によっては下品になることもあるので、注意が必要です。しかしながら、自分の中でバランスをとろうとする自己治癒力にも関わる色ですので、ヒーリングに最適で、カウンセラーやヒーラーなども、紫を好む人が多いでしょう。精神的な死と再生を表し、変容を促す色ですので、多くの人の、人生における変化をサポートしてくれる色です。

大変高価な色だった紫色

Check

古代ヨーロッパでは、紫色は、プルプラと呼ばれる貝紫の分泌液から染められていた。その染料は、貝2000個でたったの1グラムしか採取できず、非常に高価であった。パープルpurpleの語源もプルプラpurpuraからきている。

日本では、紫草の根から、染料を採取しており、紫の色名は、その紫草の名前に由来している。紫草による紫根染は、大変な日数と手間をかけて染め出されるため、大変高価であり、紫草により染め出された紫は、本紫と称され、後に、藍と紅、藍と蘇方の組み合わせで染められた紫は、似紫と呼ばれた。

癒しの効果が高く医療としても使われている

Check

紫は、その二面性から、精神と肉体の両方に癒しの効果が高い。古代エジプト、古代ギリシャ、古代インドなどでも、心身の治療によく使われてきた色である。

日本でも、江戸時代にお殿様が病気になると、頭に紫色の鉢巻きを巻いている。染料の紫草の根は薬草であり、抗炎症・解毒・解熱の薬効があり、また皮膚病や胃腸薬にも使われている。神秘的な紫が邪気をはらったり、魔除けになるとも信じられていた。

また貝紫の分泌液も、消毒薬になる。現代では、紫の波長が、細胞内の光回復酵素を刺激してDNA RNAの損傷を修復すると研究されている。

また、紫外線は殺菌作用があり、ホテルのくしやスリッパの殺菌に使われている。

見えざる色
天上のマゼンタ

Check

プリズムによる色のスペクトルで見える波長は菫色までで、紫らしい色に見える特定の波長は存在しない。紫は、可視光線の両端の波長を同時に感じるときに見える色であり、物理学的に見ても、不思議な色。マゼンタは、ゲーテも「見えざる色」といっている。

▼ *Color*

愛情深く、慈悲深い
小さなことにも幸せを感じられる

マゼンタ

▼ *Keyword*

慈悲・慈愛・気高さ・審美眼・奉仕・献身・小さなものへの愛・ありのまま・完璧主義・被害者意識

マゼンタの色名は、クリミア戦争の激戦地であった、イタリアのマゼンタに由来しています。ちょうど、クリミア戦争の集結時、そのマゼンタ地方の石炭から抽出された原料で、フクシンという赤紫色の染料ができ、マゼンタの地に流された、多くの血、命を想って、その合成染料の色をマゼンタと名付けたと言われています。マゼンタの色名には、深い愛や慈悲が込められています。

ゆえに、マゼンタを選んだ人は、愛情深く、慈悲深い人で、日常の小さなことに幸せを感じられる人です。

マゼンタは、日本の色と言われていて、マゼンタを選んだ人は、日本人のおもてなしの精神で細かいところにも心くばりができるような、気の利く人でしょう。ただ、気が利くということは、いろいろなあらも見えてしまいがち。自他ともに厳しく、完璧を求めて頑張ってしまいがちなところがあるでしょう。

恋愛においても、大きな愛を日常の中で細やかに表現出来る人です。ただ、過剰に愛を注ぎ込み、溺愛してしまうこともあるでしょう。自分のかけただけの愛を求めてしまいがちな面もあるかもしれません。

マゼンタは、日本名では赤紫。赤が多い紫色です。

赤のエネルギーも多くもっているので、紫の慈悲、奉仕、癒しの本質を基本に、現実の中で、とことん頑張れる強さを含んだ色といえるでしょう。

▼ *Color*

女性性が豊かで、
思いやりが深い人でしょう

ピンク

【 ピンク／コーラル 】

▼ *Keyword*

無条件の愛・優しさ・女性性・母性・思いやり・親切・自己受容・女性的直感力・繊細・甘え・わがまま・傷付きやすさ・愛の渇望

▼ *Cakla*

ピンクは、赤に光が入った色。赤のチャクラが表す基底部、生殖器の中でも、子宮を表す色です。

傾向

男性でも女性でも
女性性が豊か

親切で
世話好き

自己受容のテーマ
が隠れている

好意をうけとってもらえ
ないとひがみっぽくなる

繊細で
傷つきやすい傾向

ピンクは、愛の色、優しさの色。子宮内壁の色であり、誰もが、お母さんのお腹の中にいた時のような優しい安心感を感じる色です。シャンソンやドラマなどで、「バラ色の人生」という言葉があるように、ピンクは、人生の春、人生の幸福感、恋愛の至福感など、スイートでロマンチックな状況や気持ちを表します。

仏教では、ピンクの蓮の花は涅槃の象徴ともいえ、泥の中から、美しく咲く蓮の花は、真のしなやかな強さを表すとともに、全てを受け入れる、おおらかな優しさ、無条件の愛を表します。

ピンクの愛のテーマには、愛を与える、という反面、愛されたい、という気持ちが大きく関わっているでしょう。人間ですから、なかなか無条件の愛ということは難しく、親切にする行為の裏には、自分にも優しくしてほしい、認めてほしい、かまってほしいという深層心理が隠れているかもしれません。

ピンクを選ぶ人は、世話好きな方が多いですが、その好

恋愛

優しく包み込むことができる

愛を求め過ぎる傾向

世話をやきたがる

自分の世界の中心に相手をおく傾向

適職

- 看護師
- 介護士
- 保育士
- 秘書
- 手芸・ビーズアクセサリー等の小物作家
- 福祉の仕事
- カウンセラー

意を受け入れてもらえないと、ひがみっぽくなることもあるかもしれません。

ピンクは女の子らしさを表すため、素直にピンクのものが好きな人は、自分の女性性を受け入れ、女性であれば、女性であることを楽しめる人ですが、逆に、ピンクが嫌いな女性は、自分の女性性を否定して、無意識にニュートラルな装いを好む傾向があるかもしれません。

ピンクの小物が大好きだけれど、服装などを、かちっとした、キャリアウーマン風にきめている人は、自分の女性性に抵抗しているかもしれません。

日本は特に、女の子は女らしく、男の子は男らしくと、周りから求められて育てられる傾向が強く、女性であっても男性であっても、自分の中の女性性をうまく受容できていないという場合が多く見受けられます。また、素直に受け入れない背景には、昭和の時代に、ぶりっこをよしとしない、女を使うことをよしとしない世間の風潮も影響しているでしょう。でも、よしとしない、という深層心理は、自分が出来なくて羨ましいという概念が隠れています。また、ピンクには、女性性、男性性に関わらず、あらゆる面で、いい自分も悪い自分も、どんな自分も無条件に受け入れる、自己受容のテーマがありますので、ピンクが気になった人は、素直に自分自身を受け入れる、というテーマをご自身に問いかけてみましょう。

橋田壽賀子ドラマの「渡る世間は鬼ばかり」は、ピンクの人のオンパレード。

Check

素直に、ピンクの優しさを表現している人もいるが、特に、主人公小島さつきの姑や、妹、長子の姑は、ピンクの母性の強さ、それゆえ、自分の息子が大事で、嫁にあたる感じ、世話好きな面、でも、その好意が受け入れられない時のひがみっぽさなど、ピンクの人間くささ満載だ。
特に、長子の姑、京唄子さんが演じた本間常子は、晩年、地域のお年寄りのために、憩いの場を作って話し相手になったり、世話をやいてあげたり、周りの他人から見ると、とても親切で思いやり深い優しい人であるが、自分の体が悪くなって活動できなくなると、パートナーに迷惑をかけたくないと別れを考える女の恥じらいを見せたり、何も出来ない自分に価値を見失い、嫁にひがみっぽくあたるさまなど、まさにピンクな生き方の人である。

スイーツが大好きなのは女性特有の証

Check

女性の多くは、スイーツが大好きですが、先天的に甘党だと言われている。ラットの実験では、卵巣ホルモンの影響によって、メスの方が甘党であるという因果関係が証明された。人間の赤ちゃんのミルクの実験でも、女の子の方が甘いミルクを飲むという結果が出ている。そして、女性の方が、ピンクを好む傾向が強いことも周知の事実であり、甘いものを好む男性や、ピンクを好む男性は、女性性が高く、優しい方が多い。

女性の直感は子宮のピンクパワー

Check

子宮でものを考える、という言葉があるが、女性は、特有の直感力にすぐれている。点を線につなぐような、うわきにピンとくる、といった、右脳的直感力もピンクの特徴の一つだ。女性の子宮的感性は、自分の欲しいものをつかむ本能のようなものをもっている。

▼ *Color*

**繊細で、美的感覚がある
傷つきやすい一面も**

コーラル

▼ *Keyword*

思いやり・愛・優しさ・協力・協調・繊細・美意識・家族・仲間・依存・自己受容・自己卑下

Check

愛と幸せの日々
ピカソのばら色の時代

パブロ・ピカソの絵は、「青の時代」の次に、「ばら色の時代」とよばれる時期がある。ばら色の時代では、フェルナンド・オリヴィエという恋人との幸せな日々を、ぬくもりが感じられる色調で、肌もほんのりピンクがかった色あいで描いている。

コーラルは、珊瑚の色。珊瑚は、植物のように見えて、固い骨格を発達させる動物の一種です。動物といっても、自由に動くことは出来ず、仲間が寄り添って生息しています。ゆえに、コーラルを選んだ人は、家族や仲間を大切にする愛情深い人といえるでしょう。コーラルを選んだ人は、家族や恋人、友人思いの人で、惜しみなく世話をやいてあげられる人ですが、行き過ぎると、依存の傾向が深まります。コーラルは、赤やピンクを基本とした色なので、特に、恋人との関係では、どっぷりはまってしまうことが多いでしょう。赤やピンクを基本に、黄色を少し足して出来る色なので、自分の愛の存在価値を求める傾向が強く、ネガティブに自己卑下してしまうと、不倫などに陥りやすい面があるかもしれません。ピンクと同様、自己受容のテーマがありますが、赤やピンクに黄色が少し足されることで、自分を愛する知恵を身につけていく術を養えるでしょう。人とのつながりを大事にしているあなただからこそ、自己価値をあげることで、女神のように、さらに魅力を増すことができます。

　珊瑚は、きれいな海に生息していますが、海が汚れれば、たちまち死滅してしまいます。同じように、コーラルを選んだ人は、珊瑚のように繊細で、美的感覚のある人ですが、周りの環境によっては、傷つきやすい面があるでしょう。

▼ *Color*

**禊の色であり
スタートの時を表します**

白

【 ホワイト（クリアー）】

▼ *Keyword*

浄化・可能性・純粋・無垢・無邪気・新生・清潔・スタート・正義感・完璧主義・繊細・虚無感・悲哀・苦しみ・潔癖

傾向

- 純粋で、何色にも染まれる柔軟性
- けがれたくない警戒心、拒絶感
- 仕事を辞めたい、やり直したい状況
- 一からスタートするのに、最適の時
- 完璧主義的傾向

白は、純粋無垢の象徴。清潔感があり、真新しさを表す色です。

ウエディングドレスに白を着るように、処女性と純粋さを表すので、白を選んだあなたは、純粋で、何色にも染まれる柔軟性があるでしょう。

その一方、白い服は汚れが気になるように、汚したくないという警戒心、緊張感、強迫観念が出てきます。完璧主義な面もあり、一枚目に見えないガラスが張ってあるかのような、距離感を感じさせるところがあるかもしれません。

服をよごしたくない、という心理の裏側には、自分自身がけがれたくない、という、頑なな、拒絶感が隠れています。

白は、古来より日本では、神聖無垢な神の色であり、白蛇、白酒、白鶴などの言葉にもそれが表れています。神社では、注連縄や御幣等についている紙垂は白で作られていますし、神具の土器も白、神棚も白木作りと白で統一されています。神職の装束も、基本白であり、浄明正直を示す、禊の色です。

白紙にもどす、という言葉があるように、白を選んだ人は、今の状況をクリアーにしたい、例えば、仕事を辞めたい、人生をやり直したい、人間関係のしがらみを断ち切りたい、という気持ちがあるかもしれません。

また白は、すべての光を反射した色であり、全ての色の光線が含まれた色であるので、あらゆる色の可能性、という

Check

白い衣服の代表、ウエディングドレス

ウエディングドレスは、そう古くなく、昔は白と決まっていなかった。古代ローマ時代は、サフラン色だったというし、その後も、権力の象徴として豪華な衣装が使われてきたが、本格的に白が定着したのは19世紀頃のロイヤルウエディングの影響が大きいと言われている。純白の布地が高価であったことや、産業を活性化させるために、華やかな白のドレスでロイヤルウエディングを盛大に行ったことから人気に火がついたと言われている。しかしながら、やはり、白だったからこそ、世俗性を感じさせない、特別な日の演出が出来たのだろうし、花嫁の処女性や清らかなイメージにマッチしたのだろう。また、白の処女性は、マリア様のイメージにも通じ、マザーテレサの『神の愛の宣教協会』のシスターたちのサリーも白に青いラインのもので、神聖なイメージを与える。これは、俗世の欲望を捨てて、奉仕するという意味を表す。

意味があります。

　無を表す一方、無は、何かを生み出す力の根源です。白が気になる時は、潜在能力を発揮する時でもあり、一からスタートしたい、していこうという気持ちを表しているかもしれません。

　また、白を着ることで、ニュートラルな気持ちになり、中立な立場で対応できるということもあります。

　そして、あらゆる色のエネルギーを内包しているということは、自己治癒力を高める色であるともいえ、風邪をひいた時などは、下着も洋服も白にすると、太陽光線の全波長を皮膚まで通すことになり、治癒力が高まります。

　病院は、清潔を保つために、白を基調としていますが、病院の白は、冷たさ、孤高な寂しさを感じさせるため、最近では、病院でも植物の緑を多く取り入れ、看護士さんの制服や待合室に優しいパステルカラーを使用しているところが多くなっています。そのことからも解るように、白があまりにも多く使われると、冷たさ、かたさ、警戒心、喪失感、疎外感を感じることがあります。

　白はクリアーでもあり、涙の色。繊細なガラスのハートを表し、心の中に涙がたくさんたまっているような、苦しみを表すこともあります。

　白日のもとにさらす、という言葉がありますが、光にあて、ありのままに公にして、すっきりさせたい、という意味もあるでしょう。

傾向

- 強い信念がある
- 意志が強い
- 心を閉ざしている可能性
- ストレスがたまっている可能性
- アイデンティティーを失くしている

▼ Color

心に重いものを抱えている可能性があるかも

黒

【ブラック】

▼ Keyword

絶望・死・闇・恐怖・悲しみ・不安・強さ・根源・圧迫感・閉鎖的・ストレス・威厳・重厚感・厳粛・フォーマル、

黒は、闇の世界。恐怖や死を表します。光の白と対になる、古代より根源的な色です。

光が希望であるのに対し、光のない黒は、絶望を表します。

黒を選んだ人は、何か、心に重いものを抱えている可能性があるかもしれません。

黒は、心を閉ざしている、というサインになります。ストレス社会の現代、管理化された社会で、外側からの強い圧迫や枠組みに耐えている状態、あるいは抵抗しているという心理の表れでもあります。

黒は、カラスのイメージで、不吉を表し、生の否定の象徴です。

大震災や、大きなテロ事件の後に、子供に絵を書いてもらうと、明るい豊かな色がなくなり、黒、グレーといった色ばかりになってしまいます。うつ患者や、自殺願望の高い人は、黒や黒っぽい色を選ぶ事が多いでしょう。

日本では喪服に黒を使うように、悲しみや恐れ、不安感等を押し殺しているさまを表すこともあります。

また黒は、よくも悪くも、絶対的な力の象徴で、黒を身につけることで、強さ、恐さのイメージを与えます。

黒は、何色にも染まらない確固とした強さがあるため、黒を身につけることで、鎧のように用いることが出来ますが、弱い自分を見せたくない、という深層心理の表れかもしれません。

強い意志を貫くために、ア

反戦メッセージがこめられたピカソの大作『ゲルニカ』

ピカソの大作『ゲルニカ』は、白・黒・グレーの無彩色で描かれている。
スペイン内戦中に空爆を受けた祖国スペインの町ゲルニカを主題に書かれたもので、反戦メッセージが込められている。色のある有彩色の世界は、生の世界、それに対し、無彩色は、死の世界を表す。また、無彩色の冷たさは、悲しさ、寂しさ、怒りをも内包し、悲惨な感じが、より感じられる。
スピルバーグの映画『シンドラーのリスト』も、ろうそくの炎と赤い服の女の子以外、ほぼ全編モノクロームで、ゲルニカと同様のメッセージを感じる。

©Bettmann/CORBIS/amanaimages

黒はほかの色を際立たせる

黒は、他の色のあざやかさを一番際立たせる色。高級なジュエリーなどは、背景を黒にし、商品の美しさを演出している。黒子も同じ意。

黒と白で見え方は全然異なる

黒は収縮色であり、白は膨張色である。黒い洋服はひきしまってみえ、実際細く見える。また、黒い洋服を着ると色白に見える効果もある。

ピールできる色ですので、自己確立していこうと立ち向かっている状況を表しますが、魂の色やアイデンティティーが黒の人はいません。

　黒を選んだ人は、あえて自我を殺してしまっているともいえますし、本当の意味での自己確立に自信がもてていないということかもしれません。しかしながら、水墨画は、墨の濃淡だけで、その世界感を彩り、墨は五色を表す、とも言われるように、黒は、全ての色を内包する色。

　あらゆる色の可能性を秘めた色です。また黒は、重厚感があり、実際、重さの錯覚を感じさせる色です。よって、高級感やフォーマル感を演出したい時や、威厳を出したい時に使うと効果的な色です。

傾向

- 曖昧さを表す
- 控えめな印象
- 生気のない状態
- やる気のない時に選ぶ傾向
- 明度で、印象が大きく異なる

▼ *Color*

併せやすく落ち着きがあり
控えめな色

グレー

【 はいいろ 】

▼ *Keyword*

曖昧・控えめ・地味・落ち着き・シック・無機質・憂鬱・陰気

グレーは、白と黒で出来ている色。黒に近いダークグレーであれば、黒に近い意味合いに、白に近いライトグレーであれば、白の明るいイメージが加わりますが、どちらにしてもどっちつかずの、曖昧さを表す色です。

よく、スーツに使われる色ですが、プラスであれば、会社組織や社会の中で、相手や意見を柔軟に取り入れて行ける色であり、マイナスであれば、イエスでもノーでもない、煮えきらなさ、優柔不断さを表します。曇り空のような憂鬱さ、陰気なイメージがありますが、ニュートラルな色であるため、あわせやすく、落ち着きがあり控えめな色です。

また、アスファルトやコンクリートの色なので、その無機質さが、都会的であり、シックな印象を与える色です。

西洋では、鮮やかな色が好まれますが、日本では、江戸時代、奢侈禁止令により、四十八茶百鼠という、様々な茶色と鼠色が生まれました。江戸の庶民は、おしゃれを楽しむため、粋で渋い色味を発展させた歴史があります。

グレーは、ただの無彩色だけではなく、ほのかに色味をもたせたり、その濃淡によって、様々な印象のグレーができます。この文化は、日本独自の美意識により、侘び寂びを感じさせる色ですが、微妙な色の違いを感じとり楽しめるのは、日本人の瞳が黒や茶色であることによって、光を絞る効果が、優れているからであると言えます。

▼ *Color*

まわりの人に安心感を与えられる
包容力のある人

茶色

【ブラウン】

▼ *Keyword*

落ち着き・包容力・安定・安心・ぬくもり・堅実・陰鬱・地味・忍耐・頑固・保守的

傾向

- 包容力のある人
- 経験から学べる人
- 堅実にこつこつ頑張れる人
- 忍耐力がましている
- 腰が重い傾向

茶色は、大地の色。大地が、私たちを支えてくれるように、安定感があり、安心感がある色。

人間のよりどころとなる色であり、いろいろな色が混ざってできる色であるため、複雑な要素を含んだ上での、落ち着きを表す色です。

茶色を選んだあなたは、まわりの人に安心感を与えられる、包容力のある人でしょう。

また、大地のように、どっしりかまえ、落ち着いた印象を与える優しい人です。

大地は、生命の最初の母胎。水や空気など、必要なものは通し、不必要なものは浄化します。茶色を選んだ人は、いろいろな経験から、学び、よいものは吸収して、自分の糧にできる人でしょう。しかし、そのためには長い時間が必要ですので、まさに今、自分のためのほろ苦い経験を積んでいる時かもしれません。膨大な時間の積み重ねの中では、砂をかむような思い、という表現があるように、人生のつまらなさ、面白みのなさを感じている時かもしれません。

しかしながら、経験を積む上で、忍耐力がましていくでしょう。その結果、頑固になる面があるかもしれません。

自然の色ですので、気取りのない、正直なあたたかさを表します。大地は、確固たる土台ですから、堅実な精神で、こつこつ頑張れる人です。保守的な色でもあるので、地味で、腰が重いところがあるかもしれません。

色タイプ別

コミュニケーション術

色を見極めれば人生はもっとうまくいく!

人の個性は、一色ではありません。複数の色を、その時々で組み合わせたり、その状況や立場等に応じて、主となる色を変えたりしながら、自分の個性を表現しています。義務教育の過程や、社会人となって、社会に適応していくうちに、道理をわきまえたり、大人としての対処法を身につけていくのでしょう。しかし、それぞれに、根源の色をもっていて、多く顔をのぞかせる色があります。それは、瞬時に反応する性質ともいえるでしょう。自分の根源の色や、まわりの人の色の傾向が見えてきたら、コミュニケーションに、色のタイプを活用していくことができます。自分の色や相手の色を、少し念頭においてみることで、今よりもっと、相手を理解できたり、スムーズにコミュニケーションをとることが出来るようになっていくでしょう。白・黒・茶色は本来の根源の色ではないのでこの章では掲載していません。選んだひとは自分の根源色に気づけるようになりたいですね。

Color Type

赤のあなた

行動する前に
ひと呼吸することも大事です

根本に、反発のエネルギーをもっています。相手の言動に納得がいった時には、全面的に力を貸しますが、それまでは、Noと言いがちです。自分が違うな、どうかな、と思った時にも、まずは、ひと呼吸おいてから、返答するように心がけましょう。また、考えるよりも、動く人です。時にはそれが、功を奏すこともありますが、考えなしで動いて、事を荒立てたり、悪化させてしまうこともありますので、時には、慎重に考えてから動く、ということを頭においておきましょう。

赤の人との付き合いかた

理性ではなく
ハートをもって対応しましょう

赤の人は、小手先でなく、全身でぶつかってくる人を好みます。策を弄しても、Noと反発をくらうのがおちですから、自分の誠意を解りやすい形で、表現しましょう。赤の人が上司の場合には、ついていきます、という熱い態度が必要です。一度、赤の人の懐に入れば、義兄弟のように、かわいがってもらえるでしょう。また、赤の人が部下の場合には、インセンティブ制などを導入して、頑張りをわかりやすい形で認めてあげると、やる気を引き出せます。赤の人は火に例えられますから、一緒に燃えるのはいいですが、火に油を注ぐようなことは気をつけて。

Type_ **ORANGE**

橙のあなた

人の言動よりも自分自身を信じて行動しましょう

橙のあなたは、自分というものを強くもっていて、これまでの人生を形作ってきたものを重要視していますので、自分を否定するような人には反発を強くもつでしょう。自分や自分の過去、自分の家族を否定されたと感じる時も、人の言動ではなく、自分自身を信じて、とりあわないように、気にしないようにしましょう。華やかな人や場を好む傾向がありますが、見た目に左右されることなく、持ち前の洞察力で、相手の中身を感じ、信頼出来る人とは、ハラを割って話していくことによって、安心感を得られるでしょう。

橙の人との付き合いかた

存在価値を認めてあげることが大切

橙の人は、今まで培ってきた人生を自負していますので、その努力を認めてあげましょう。橙の人は「さすがですね！」とほめられるのが大好きです。橙の人は、明るく社交的で、一見、華やかに見えますが、いろいろな葛藤を抱えている可能性もあります。表の明るさとその背後の状況を冷静に判断し、橙の人が、自信をもって行っている事柄は、もりたて役をかってでてあげましょう。

また、何か心に抱えているかなと思った時には、静かによりそってあげましょう。

黄色のあなた

周りを気にしすぎかも。まずは自分に問いかけを

小さな事柄で、ポジティブとネガティブのアップダウンが激しいことが多いでしょう。自分の気分やわがままで、相手を振り回してしまったり、表面だけの付き合いになってしまったりすることがあります。

何かにつまずいても、人のせいにしたり、頼ったりする前に、まず、じっくり自分の内側に問いかけてみましょう。また、常に自分と他人を比べたり、批判、判断をしがちな面があります。自分の中に、偏見、先入観がないか、自己分析を心がけましょう。

黄色の人との付き合いかた

イベントや食事など楽しいことに誘ってみて

広く浅く、楽しい事が大好きです。まずは、好奇心旺盛な黄色の人の興味をそそるようなイベントや食事に誘う等フットワークを軽くして、時事ネタなどを織り交ぜて、仲良くなりましょう。黄色の人は、かまってもらいたい、認めてもらいたいという願望が大きいので、黄色の人を中心にした話題で盛り上げてあげるのがおすすめです。明るさの背後に、孤独を抱えていることも多いですから、折にふれ、精神的な豊かさや癒しについて、深く語ってあげることによって自立を促せます。黄色の人が、格付けしたがっても、大きな視点で捉え、長所を褒めましょう。

Type_ **GREEN**

緑のあなた

知らず知らずに
ストレスをためないように

人の意見に合わせているうちに、自分の意見を見なくなったり、奥へおしやってしまっていることがあります。そのため、Noと言う事が苦手になって、知らず知らずにストレスを溜めている可能性があります。

自分の気持ちを見失う前に、小さなことから、何がしたい、したくない、どう思う、どう感じる、ということを口に出すようにしましょう。いい人でいることによって、価値を軽く見られたり、周りの人から見て、本心が感じられず、逆に信頼を失くしたりすることがあるかもしれませんので、率直な意見を表現しましょう。

緑の人との付き合いかた

ときどき悩みを
聞いてあげて

緑の人は、協調性が豊かなので、大抵のことは合わせてくれますが、それに甘えて、自分の気持をどんどん押し付けて行く、ということがないよう注意しましょう。緑の人は、時には頑固に自分の中に閉じこもってしまうこともあるので、そうならないように、緑の人の意見も、時々穏やかに尋ねてあげましょう。また、緑の人は、保守的で安定を好みますが、本心では、そこに満足しているというわけでもありません。興味のあることを聞いて遊びに連れ出し、日常の彩りを豊かにしてあげましょう。

青のあなた

NOと言えずに
すべて受け入れてしまう傾向が

根本的に受け入れるエネルギーをもっています。上からの命令や、具体的な頼まれごとも、Noと言う事が出来ず、受け入れてしまいますが、嫌なことや否定されるようなことを言われても、一旦、自分の中に受け入れてしまいます。否定的なことを言われたり、認められなかったりしても、持ち前の冷静さで判断して、ネガティブに落ち込むことなく、不必要なことは、溜め込まないようにしましょう。また、青の人は、その場で自分の意見を言うことが苦手な人が多いので、後で、メールや手紙などで、自分の意見をまとめてから伝えるのもおすすめです。

青の人との付き合いかた

あせらずペースを
見守ってあげて

青の人は、静かに見えて、心の中では、自分の時間や自分の自由な考え方、やり方を大事にしています。青の人は、深くじっくり考えてから行動するタイプですので、そのペースを見守ってあげましょう。そして、前向きな意見を言ってあげるとよいでしょう。青の人は、その真面目さから、周りの人から、殻をかぶっているように感じられるかもしれませんが、常に率直な意見を求めています。しかし、ネガティブな言葉も溜め込む質があるので、常に、ポジティブな言葉をなげかけてあげましょう。

Type_ **PURPLE**

紫のあなた

無意識で心のバランスをとれる人

青と赤という対照的な色から出来た紫の人は、常に自分の中の二元性のバランスをとることにテーマが向けられています。その場面やつきあう人々といったTPOに合わせて、無意識に自分の中のバランスをとっているので、矛盾やストレスを感じることも少なくありません。そのためか、独特な距離感を感じさせることもありますので、上から目線にならないよう注意しましょう。バランスとは、自然にとれるもの。あまり、深く考え込まず、その時々の人間関係を楽しみましょう。

紫の人との付き合いかた

芸術的な事柄を好む傾向があります

紫の人は、ミステリアスな面があり、独特な感性をもっていますので、話題は、あまりに世俗的なことよりも、ヒューマニズムな事柄や芸術的な事柄の方が、盛り上がるでしょう。達観したところがあるので、小さな悩みごとなどは、バッサリ切り捨てられたかのように感じることがあるかもしれませんが、二元性を統合してできた紫の人は、本来、幅広く共感してくれる人です。癒しの色の人とも言われていますので、表面的な距離感を気にせずに、相談事などをもちかけてみましょう。

ピンクのあなた

まずは自分自身に愛を向けてあげましょう

ピンクの人は、常に愛されたい人です。愛されたいために、まず、過度な愛情や親切、おせっかいをして、気をひきたがる傾向があります。もともとは赤のエネルギーなので、エネルギーを外に（他人に）向かわせる傾向が強いのですが、まずは、自分自身に、愛を向けてあげましょう。他人が、ではなく、自分がしたいことをし、食べたいものを食べ、自分自身に優しさや愛情をかけて、いたわってあげましょう。

ピンクの人との付き合いかた

何かしてもらったら素直に感謝を伝えること

ピンクの人は、常に、自分の存在意義を認めて欲しいと思っているので、何か、親切な気遣いをしてもらったら、素直に感謝の気持ちを言葉と態度で表しましょう。あなたのおかげで助かった、あなたがいてくれてよかった、という言葉が、何よりもピンクの人を喜ばせるでしょう。

ピンクの人は、素っ気ない態度や、たまたま誘わなかった、というようなことに傷つきやすいので、丁寧な返答をしてあげることが大切です。

ピンクの人の甘えたい気持ちを察しつつ、依存関係にならないよう注意も必要です。

column ❶

色と恋愛

カラーコーディネートでは、同系色や類似色は、あわせやすく、なじみやすい配色で、補色や反対色はお互いを引き立て合うメリハリのある配色であると言えます。

また、人と人との相性も、似ている人同士は共感できる間柄、正反対の人同士は補い合える間柄と言えます。

それと同様に、色タイプ別の相性としても、同系の色タイプ同士の人たちは、共感、理解しやすい間柄、補色や反対色の色タイプ同士の人たちは、補い合える、お互いを成長させる間柄と言えるでしょう。

特に、恋愛ということになれば、同系の色タイプ同士であれば、同じ価値観をもって、同じ目線で未来を描きやすい相手といえるでしょう。共感できる部分が多いので、けんかにもなりにくい間柄かもしれません。

また、補色の色タイプ同士であれば、自分とは違った側面を見せる相手に、強く惹かれるでしょう。違った側面とはいえ、そこには、根底に似たようなテーマを感じたりするのです。まるでお互いが、片割れのような存在に感じ、お互いの足りないところを補い合いつつ、お互いを刺激し合いながら、未来をつくっていける、ベターハーフといえるかもしれません。

しかしながら、カラーコーディネートでは、明確に合う、合わないがあり、合わない配色であれば、不協和音になりますが、人間同士は、多少の合う、合わないがあったとしても、不協和音を出すことなく、ハーモニーを奏でることができます。

なぜなら人は、一色だけで作られているわけではなく、それぞれの人が、オリジナルブレンドカラーで出来ているといえ、指紋やＤＮＡのように、一人一人が一致することのない、それぞれの個性をもっているからです。

自分の特色を受け入れ、周りの人たちの、それぞれの特色を理解し、受け入れ、個性を認めていくことが、コミュニケーションの第一歩となります。

それぞれの特色をそれぞれが奏でれば、素晴らしいハーモニーが響き渡ることでしょう。

色相環とは?

色相とは色合い、色味のことをいい、虹のスペクトルの両端を円環状につないで表したものが色相環。色相環の180度反対色を、お互いひきたてあう補いあえる色と書いて「補色」という。

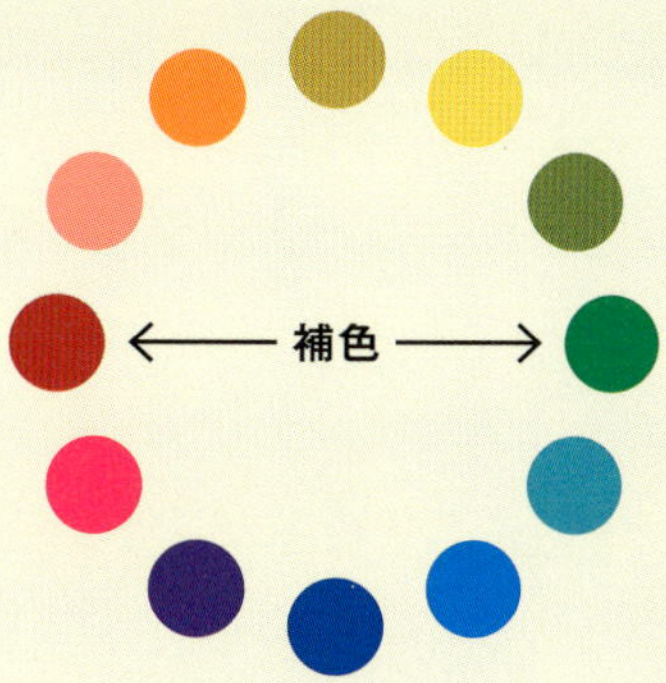

同色・類似色の関係

ex レッド&レッド、ブルー&ロイヤルブルー、グリーン&オリーブグリーン

- 同じ価値観をもっている
- 同じ目標を描きやすい
- 共感・理解しやすい

安心できる関係性

同色同士は趣味趣向なども似てくるもの。同じ考えや目標をもちやすいベストの関係

補色・対照色の関係

ex レッド(ピンク)&グリーン、オレンジ&ブルー、イエロー&バイオレット

- 自分と違う部分に魅力を感じる
- お互いに補い合える
- 常に刺激し合える

補い合える関係性

お互い似ていないがゆえに、その違う魅力に惹かれ合う関係。相手を尊重し刺激ある関係

▾ Theme

心を元気にするセルフワーク術

左記のように毎日の洋服を色鉛筆で色を塗って記録しましょう。簡単に、マスの中に、だいたいの色の分量をぬりましょう。あなたの深層心理が見えてきます。

毎日の洋服の色をチェックしてみよう

▼

毎日の洋服の色は、あなたの深層心理を、無意識に映し出しています。

洗濯の都合で、とか、気温の都合、コーディネートの都合で、など、様々な理由があると思いますが、洋服の色を選ぶのは、無意識の必然なのです。

1週間から1ヶ月ぐらい続けてみると、自分の色の選ぶ傾向が見えてきます。

また、状況が変われば、選ぶ洋服の色も変わってくるので、定期的にチェックすると、

毎日のスケジュール帳に、少し記録するだけでもかまいません） 1ヶ月ぐらい続けるのがおすすめですが、1週間でもかまいません。男性でスーツの方は、ネクタイの色などに注目。

ご自身が今、求めている色が見えてきます。

30ページで作ってみた自分の名刺カラーとも、見比べてみましょう。無意識に本当に求めているのは、洋服の色の記録で見えてくることもあるでしょう。逆に、名刺の色はカラフルで、あなたのバラエティにとんだ特質を表しているのに、黒・グレーばかりの無彩色を着て、自分の感情や才能を、閉じ込めてしまっていることに、気付くかもしれません。

Theme

マインドマップで心の中を読み解く①

広くビジネスでも用いられているマインドマップ。これはカラーセラピーの現場でも使われているのです。そのやり方をここでは紹介していきましょう。

マインドマップとは

マインドマップは、教育現場やビジネスなど広く用いられている思考の整理方法のひとつです。頭の中で考えていることを描きだすことによって記憶の整理や発想をしやすくするものとされています。この考えはカラーセラピーの世界でも使われているのです。その一例をここでは紹介しています。

やりかた

- 紙とペンを用意する
- 紙の中央に気になる色を描く
- そこから枝分かれで連想するキーワードを書いていく

ここでは気分転換をかねて、あなたにマインドマップといわれるセルフワークの方法を教えます。上のやりかたをみて30ページで作った名刺の色や、洋服の色など、気になる色からマインドマップをしてみましょう。マインドマップとは、教育現場やビジネスやコミュニケーションの現場などで広く用いられている思考の整理方法のひとつです。頭の中で考えていることを描きだすことによって記憶の整理や発想をしやすくす

マインドマップ図例

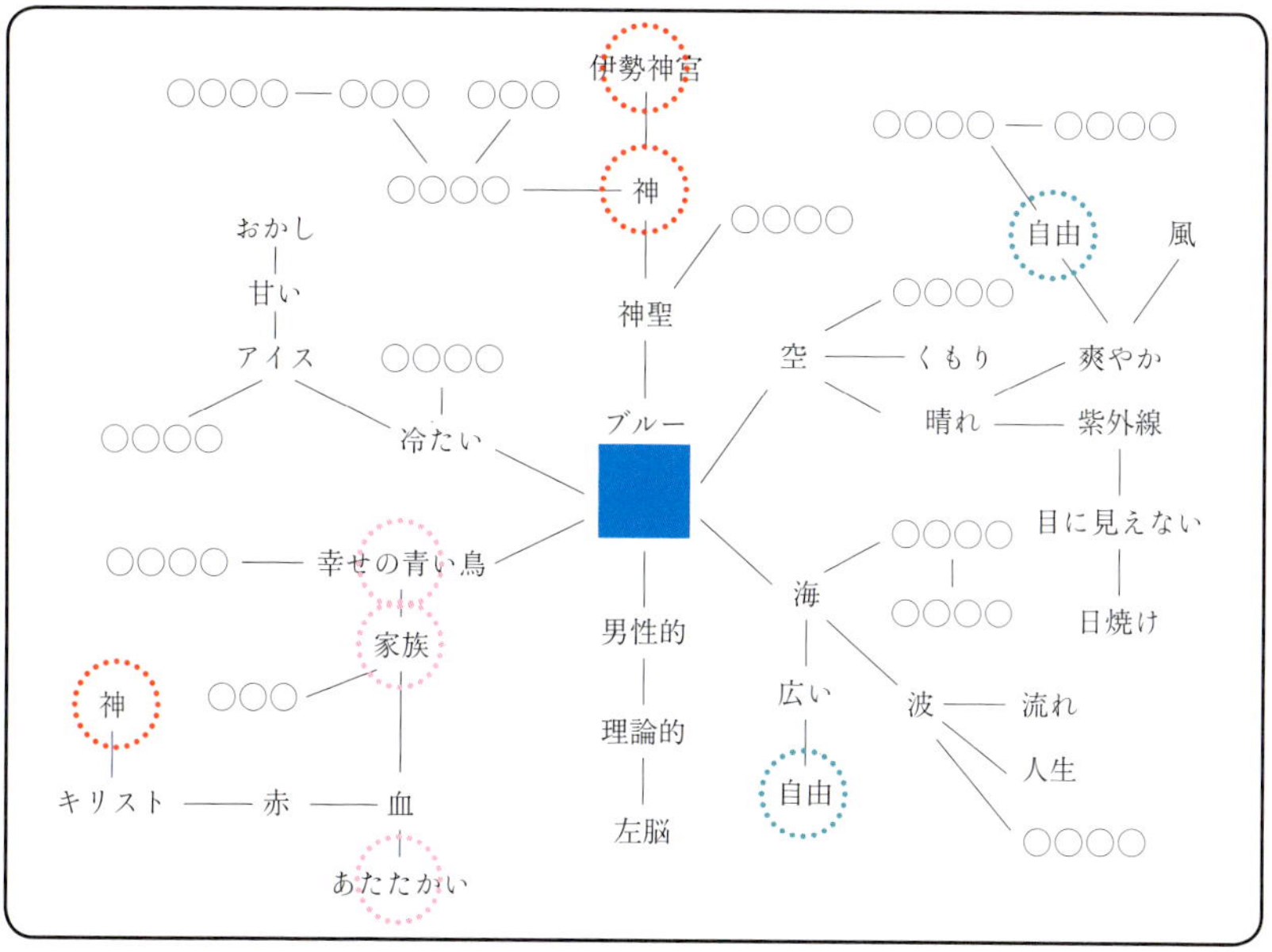

マインドマップには決まりはありません。中央にまず気になる色を描いてからスタートするのでもよいですが、ときには気になる文字を最初に書いてスタートしてもかまいません。82ページに解説があります

るものとされています。いわばそれは、心の絵地図といえるでしょう。この考えはカラーセラピーの世界でも使われているのです。例えば、何か悩みごとがある場合、その解決したいテーマを紙の中央に書き、そこから連想される言葉や絵を、枝葉のようにのばしていって、心の交通整理に役立てる手法です。

テーマは、悩みごとだけでなく、気になる色からはじめてみたり、目標をかかげてみたりするとよいでしょう。

また、例えば企業では、マインドマップを用いて、企画案を出していく作業にも使われています。次のページではあなたが実際に書いたマインドマップについてその解説をしていきます。

▸ *Theme*

マインドマップで心の中を読み解く②

実際にマインドマップをしてみた結果、どういった意味があるのか。そして丸で囲んだ色にはどんな意味があるのか。ここでは試しにそれらの意味を解説します。

出来るだけ、思いつくまま、たくさん書いてみましょう！

枝葉が伸びていって、もともとのテーマの連想と、かけはなれても、大丈夫です。

一つ前の言葉から、連想をさらに広げていきましょう！　具体的連想でも、抽象的連想でも、小学生のような表現でOKです！

同じ言葉が何度出てきても大丈夫です。もう、これ以上書けない、と思うところまで、枝葉をのばせたら、色鉛筆を

マインドマップのセルフチェックポイント

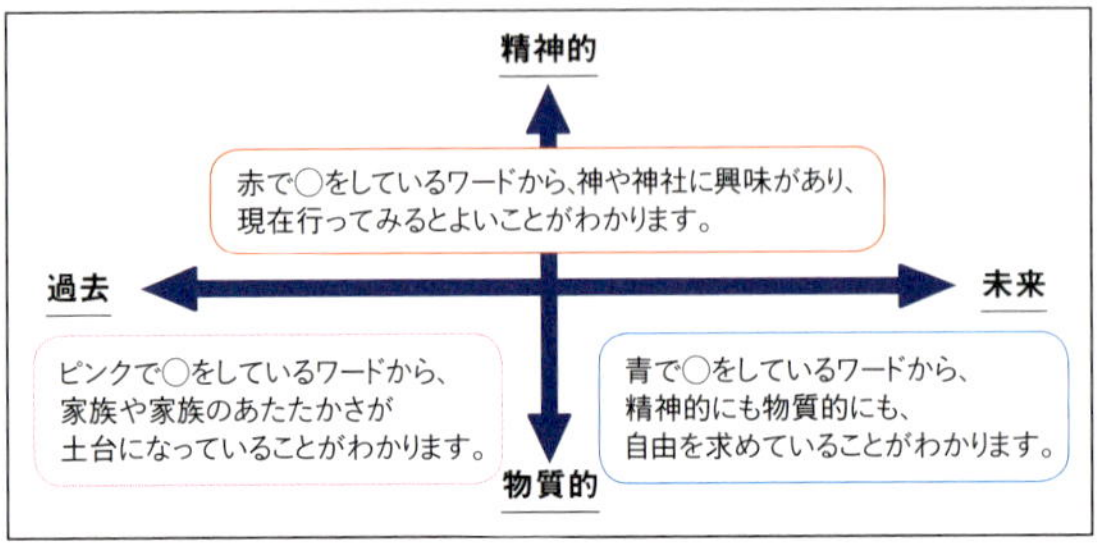
精神的
赤で◯をしているワードから、神や神社に興味があり、現在行ってみるとよいことがわかります。
過去
未来
ピンクで◯をしているワードから、家族や家族のあたたかさが土台になっていることがわかります。
青で◯をしているワードから、精神的にも物質的にも、自由を求めていることがわかります。
物質的

1. 上半分は、精神的なこと、下半分は、物質的なこと、左にいけばいくほど、過去、右にいけばいくほど、未来を表します。それぞれの場所に、どんな言葉を書いていますか？また、空白のスペースはありませんか？例えば、過去が抜けていたり、未来が抜けていたり、精神的なことが抜けていたり、物質的なことが抜けていたり、ということはありませんか？

2. あなたが、繰り返し使っている、言葉やイメージは、どんなことでしたか？

3. 特に、枝葉の最後の言葉は重要です。注目してみましょう。

4. 言葉をたくさんかけましたか？

5. グルーピングに使った色にも注目してみましょう。
チャクラと同様、例えば、赤系統は、物質的なことを重要視している、とか、
青や紫は、精神的なことを重要視している、
ということを表しているかもしれません。

6. 気になる言葉や、手に入れたいものの言葉に、
５Ｗ３Ｈを当てはめて、自分に問いかけてみましょう。

Who	それに関わっているのは、誰でしょう？　誰が必要でしょう？
Where	どこにありますか？　どこに行けばいいでしょう？
When	いつのことですか？いつわかりますか？　いつから始めればいいですか？
What	それは、あなたにとって、何ですか？　何が必要ですか？
Why	なぜ、そう思いますか？　なぜ求めているのですか？
How	どのようにすればいいですか？
How many	いくつぐらい必要ですか？　どれくらい欲しいですか？
How much	いくらかかりますか？

それぞれの言葉にあわせて、自分に問いかけてみましょう。

使って、同じ言葉や同じような意味の言葉、同じカテゴリーの言葉等を○で囲い、色別でグルーピングして見やすくしましょう。
　グルーピングした色はとても意味があるのです。20ページで紹介しているチャクラと同様で赤は物質的なこと、青や紫系は精神的なことを重視しているということを表しているかもしれません。あなたの気になる色、あなたの特色の色から、あなたが本当に求めている心の声や、解決の鍵が見えてくる、それが色を使うマインドマップの特徴なのです。

▼ *Theme*

カラーブリージングで アンチエイジング

カラーブリージングとは、色のイメージを、呼吸とともに、吸い込む方法です。ここでは自宅で思った時にすぐに簡単にできてしまう方法を紹介します。

カラーブリージングとは、色のイメージを、呼吸とともに、吸い込む方法です。

カラーブリージングというとどこか難しいイメージを抱くかもしれませんが、方法はとっても簡単です。思ったときに思ついた場所でできてしまうので、是非覚えてください。上記したように椅子に坐ってリラックスして、目を閉じて色をイメージ。そしてその色のイメージを描きながら深呼吸するだけなんです。

カラーブリージングの方法（ピンクを例に）

▼

1 まずは椅子に座ってリラックス

まず、深い呼吸が出来るよう、リラックスした状態で椅子に腰掛けます。頭が、天井から軽く糸でつられているような感じで、背筋を少しのばし、足を肩幅に開きます。もしくは、仰向けに横になりましょう。寝ている状態は、自然に深い呼吸ができます。

2 目を閉じて色をイメージ

目を閉じて、ピンクをイメージします。具体的に、桜や、カーネーション、ピンクのバラなど、お好きなピンクのお花などを思い浮かべましょう。思い浮かべるのが難しい方は、ピンクのお花や、写真を用意して、実際に見てから目を閉じます。

3 色のイメージを描き深呼吸

ピンクのイメージを大きく呼吸し、内側からピンクのエネルギーに満たされ、次第に全身が、ピンクのエネルギーに包まれているイメージをしていきます。ピンクのイメージを何度も繰り返し、大きく呼吸しましょう。

オプション

気になる、しみやしわがあれば、そこに向けて、ピンクの呼吸を注ぎ込みます。毎日繰り返すことで、実際、しみやしわが薄くなっていきます。

カラーブリージングの
おすすめ色

ピンク	▶ 優しい気持ちで満たされたい時、若返りたい時
ゴールド	▶ 自分の中心を感じて、ぶれない自分でいたい時
グリーン	▶ リラックスして、リフレッシュしたい時
ブルー	▶ 平和な気持ちで、自分を深く感じたい時
バイオレット	▶ ヒーリング効果をえたい時
ホワイト	▶ クリアーに、浄化したい時

特におすすめな色は、ピンクです。ピンクのカラーブリージングは、優しい、満たされた気持ちになりますし、続けていれば、若返りの効果があると言われています。

また、虹の七色を、第一チャクラから第七チャクラまで、それぞれのチャクラ（P20参照）にあわせて、それぞれの色をカラーブリージングすることによって、チャクラバランスを整える効果があり、健康を維持することにつながります。

あなたのその時の状態にあわせて、いろいろな色のカラーブリージングを行ってください。

Theme

あなたもカラーセラピスト

カラーセラピストと効くと専門性が高いように感じるけれど、実は私たちが普段何気なく色と関わっていることこそが、カラーセラピストの基本なのです。

カラーセラピストの基本

▼

- □ 水道の赤い蛇口と青い蛇口 赤い方はお湯が出て、青い方は水が出るとわかっている
- □ トイレの赤いマークと青いマーク 赤い方は女性用で、青い方は男性用だとわかっている
- □ 森にいくと、木々の緑や自然の大地に癒される
- □ 空の青や海の青に心地よさを感じる
- □ カラフルなお花を見て、美しいと感じる
- □ ラベンダーや紫色は、癒しの色と知っている
- □ 虹を見て、気分があがる

皆さん、上記の全てにチェックが入れられると思います。
人は、生まれながらに、色を自然に理解しています

＋ さらに

- □ 本書を読んだ

＋ さらに

- □ 日常に色を活用する事に意識を向ける

これで、あなたもカラーセラピストです♪

こんな時に役立ちます

▼

勝負事の時

元気に
なりたい時

友達を
たくさん
作りたい時

ゆっくり
したい時

けんかした時

血圧が
上がった時

癒されたい時

デートの時

若返りたい時

風邪を
ひいた時

威厳を
もちたい時

自然体で
いたい時

目的別 こんな時には、この色を！

それぞれの日常生活のシチュエーションの中でいつどんな色をもてば効果的なのか挙げてみました。気軽にチェックしてみてください。

赤

Red

チェックの数

- 0個 あなたには他の色が必要かも
- 1〜3個 まずは見えないところで試してみて
- 4〜6個 小物やファッションに取り入れよう
- 7〜9個 家にもカラーを見えるところに
- 10個 時には全身一色にしてみては?

- □ やる気を出したい時
- □ バイタリティをみなぎらせたい時
- □ マリリンモンローのようにセクシャルアピールをしたい時

□ 強く愛情表現をしたい時

□ 体をあたためたい時に

□ 勝負ごとの時に

□ 地に足をつけて、頑張りたい時

□ 徹夜で頑張りたい時に

□ 外交的に強く接したい時

□ 還暦を過ぎ、体の衰えを感じた時に

これをもっとさらにパワーアップ

ルビー

ルビーは、女王様の石とも言われ、情熱とエネルギーを与えてくれます。また、血液の循環を促し、健康をサポートしてくれます。気品を高め、自己実現のための勇気をもたらしたり、勝利を呼び込む石でもあります。

これもおすすめ！▶ ガーネット　レッドジャスパー

橙

Orange

□ 社交的になりたい時

□ 赤の行動力と黄色の知性を活かしたい時

□ 気持ちを前向きにしたい時に

チェックの数

✓ 0個
あなたには他の色が必要かも

✓ 1〜3個
まずは見えないところで試してみて

✓ 4〜6個
小物やファッションに取り入れよう

✓ 7〜9個
家にもカラーを見えるところに

✓ 10個
時には全身一色にしてみては?

□ 華やかに自己主張したい時

□ のびのびと、陽気な気持ちになりたい時

□ 固執してしまった時

□ 自立したい時

□ 独立したい時

□ ショックなことがあった時に

□ ハラをすえて物事に取り組みたい時

これをもっとさらにパワーアップ

カーネリアン

カーネリアンは、やる気や行動力を高めてくれます。気持ちが落ち込んだ時にも気力の回復に効果が期待できます。また、ハラからの、わきあがるような創造力を高める石ですので、自分の中に眠る何かを、形にしていきたい時にもサポートしてくれるでしょう。

これもおすすめ！▶ オレンジカルサイト　サンストーン

黄

Yellow

- [ ] 明るい気持ちで楽しみたい時
- [ ] 楽天的な考えでいたい時
- [ ] 希望をもちたい時に
- [ ] ポジティブになりたい時

チェックの数

0個
あなたには他の色が必要かも

1〜3個
まずは見えないところで試してみて

4〜6個
小物やファッションに取り入れよう

7〜9個
家にもカラーを見えるところに

10個
時には全身一色にしてみては?

□ 明晰な判断をしたい時

□ 注目をあつめたい時

□ かまってほしい時に

□ 知的好奇心をもたせたい時に

□ 快活な感じをアピールしたい時に

□ 胃腸の悪い時に

□ 幼稚園児の帽子など危険防止のアイキャッチに

これをもつとさらにパワーアップ

シトリン

シトリンは、張りつめた神経をゆるめ、ストレスを解放することをサポートしてくれます。ネガティブな感情におそわれた時、負のエネルギーを溜め込まないようサポートし、楽観的に物事を見ることが出来るよう、自信を回復させてくれます。また、創造力を高め、夢の現実化をしたい時にももつといいでしょう。

これもおすすめ！ ▶ アンバー　タイガーアイ　インペリアルトパーズ　ルチルクォーツ

緑

Green

- [ ] リフレッシュしたい時
- [ ] 心身のリラックスに
- [ ] 疲れている時
- [ ] 忙しく、心を失くしそうな時

チェックの数

0個	あなたには他の色が必要かも
1〜3個	まずは見えないところで試してみて
4〜6個	小物やファッションに取り入れよう
7〜9個	家にもカラーを見えるところに
10個	時には全身一色にしてみては?

□ いらいらを鎮めたい時

□ 自己治癒力を高めたい時

□ 進む道に迷っている時

□ 自分のハートで決断したい時

□ 協調性を高めたい時

□ 苦手な人と会う時に

□ 視力をアップしたい時

これをもつとさらにパワーアップ

エメラルド

エメラルドは、幸せ、富、健康のお守りとなる石で、ヒーリング効果も高い石です。ハートをひらくことをサポートし、心が本当に求めているものは何かを探ることを助けてくれます。ストレスや感情を解放し、自分の進むべき道をはっきりさせるサポートをしてくれます。

これもおすすめ！ ▶ ペリドット　アベンチュリン　マラカイト　ジェイド　モルダバイト

青

Blue

□ 平和な気持ちでいたい時

□ 自分の内面を深く見つめ直したい時

□ 冷静な判断がしたい時

□ 精神的に癒されたい時

チェックの数

- 0個　あなたには他の色が必要かも
- 1〜3個　まずは見えないところで試してみて
- 4〜6個　小物やファッションに取り入れよう
- 7〜9個　家にもカラーを見えるところに
- 10個　時には全身一色にしてみては?

□ 信頼を得たい時

□ 理知的な感じにみせたい時

□ 興奮して血圧があがった時に

□ いらいらする気持を落ち着かせたい時に

□ 自由にのびのびしたい時（明るい水色、ターコイズブルーで）

□ 夏のインテリアに

□ 食欲過剰な時に

これをもつとさらにパワーアップ

サファイア

サファイアは、知性と冷静な判断力を養います。聖者、ヒーラーの石とも言われ、第三の目を活性化し、インスピレーションを高めます。のどのチャクラのネガティブなエネルギーを浄化し、コミュニケーションを助けてくれます。内なる平和へと導く石です。

これもおすすめ！ ▶ アクアマリン　ターコイズ　ラリマー　アマゾナイト　エンジェライト　セレスタイト　ブルートパーズ　ラピスラズリ

紫

Purple

- □ 癒されたい時
- □ 精神的に疲れている時
- □ 芸術的感性を高めたい時
- □ 心身の機能が落ち込んだ時に

チェックの数

- 0個
  あなたには他の色が必要かも
- 1〜3個
  まずは見えないところで試してみて
- 4〜6個
  小物やファッションに取り入れよう
- 7〜9個
  家にもカラーを見えるところに
- 10個
  時には全身一色にしてみては?

□ 死や別れなどの悲しみの時に

□ 親友に裏切られて深く傷ついた時に

□ 眠れない時

□ カリスマ性をもたせたい時

□ 理想と現実のバランスをとりたい時

□ 女性性と男性性のバランスをとりたい時

□ 喪失感がある時

これをもつとさらにパワーアップ

アメジスト

アメジストは、ヒーリング、瞑想の石です。インスピレーションを高め、直感がさえたり、精神性を豊かにするサポートをしてくれます。アメジストの語源は、ギリシャ語のamethystos「酒に酔わない」に由来し、悪酔いしない、また、世の中の悪い誘惑から守る効果もあり、宗教者も多く身につけています。

これもおすすめ！▶ スギライト チャロアイト レピドライト

ピンク

Pink

- [ ] 心がささくれだっている時に
- [ ] デートに
- [ ] 優しい気持ちになりたい時に
- [ ] 女らしくふるまいたい時に

チェックの数

0個	あなたには他の色が必要かも
1〜3個	まずは見えないところで試してみて
4〜6個	小物やファッションに取り入れよう
7〜9個	家にもカラーを見えるところに
10個	時には全身一色にしてみては?

□ 恋愛、失恋の傷心の時に

□ 恋愛力を高めたい時

□ アンチエイジングで毎日の下着に

□ ロマンチックな気分になりたい時

□ 自分の女性性を素直に受け入れたい時

□ 甘えたい時

□ 毎日の子育てなどでイライラしている時に

これをもっとさらにパワーアップ

ローズクォーツ

愛と美と調和の石です。母性的で、優しく柔らかいエネルギーで、ネガティビティを消し去る力があります。女性性を高める石で、女性らしい魅力を高め、肌つやをよくする効果もあり、自己愛を高めてくれる石です。失恋した時、傷ついた時等のヒーリングにも効果があり、愛を受け取りたい人におすすめ。

これもおすすめ！▶ インカローズ ピンクトルマリン クンツァイト モルガナイト ロードナイト

白

White

- □ 新しいスタートに
- □ 清潔感をだしたい時
- □ 純真さをアピールしたい時

チェックの数

- 0個　あなたには他の色が必要かも
- 1〜3個　まずは見えないところで試してみて
- 4〜5個　小物やファッションに取り入れよう
- 6〜8個　家にもカラーを見えるところに
- 9個　時には全身一色にしてみては?

□ 風邪をひいた時に

□ ニュートラルでいたい時

□ 神聖な気持ちで臨みたい時

□ 浄化したいなど、身を清めたい時

□ 心機一転したい時

□ 正直でありたい時に

これをもっとさらにパワーアップ

クリアクォーツ

クリアクォーツは、エネルギーを拡大、増幅させる力をもっています。持つ人の可能性や才能、潜在能力の開発もサポートしてくれます。浄化の石であり、ネガティブなものを解放してくれるヒーリング効果があります。

これもおすすめ！ ▶ セレナイト　ムーンストーン　パール　アポフィライト

黒

Black

- [ ] 威厳をもちたい時
- [ ] 断固NOと言いたい時
- [ ] 強い意志をつらぬきたい時

チェックの数

- 0個
  あなたには他の色が必要かも
- 1〜3個
  まずは見えないところで試してみて
- 4〜5個
  小物やファッションに取り入れよう
- 6〜7個
  家にもカラーを見えるところに
- 8個
  時には全身一色にしてみては?

- [ ] プロフェッショナルに見せたい時
- [ ] フォーマル感をだしたい時
- [ ] 弱い心をかくしたい時
- [ ] 喪に服している時など
悲しみを内に閉じ込めたい時
- [ ] 感情をコントロールしたい時

これをもつとさらにパワーアップ

ブラックトルマリン

ブラックトルマリンは、ネガティブなエネルギーを浄化してくれます。電気を帯びる石としても有名で、邪気を吸ってくれる石なので、お風呂などに入れるのもおすすめです。強さを与え、グラウンディングさせてくれる石です。

これもおすすめ！ ▶ ヘマタイト　オニキス　オブシディアン

茶

Brown

- □ 落ち着きたい時
- □ 自然体でいたい時
- □ 人生を振り返りたい時

チェックの数

- ✓ 0個
  あなたには他の色が必要かも
- ✓ 1〜3個
  まずは見えないところで試してみて
- ✓ 4〜5個
  小物やファッションに取り入れよう
- ✓ 6〜7個
  家にもカラーを見えるところに
- ✓ 8個
  時には全身一色にしてみては?

こつこつ頑張りたい時

目立ちたくない時

虚無感におそわれた時

挫折を感じた時

気力がなえた時

包容力を養いたい時

これをもっとさらにパワーアップ

スモーキークォーツ

スモーキークォーツは、現実的な対応能力を高めてくれます。恐怖を手放し、心の闇に光を与えてくれる石です。スピリチュアルなエネルギーをグラウンディングさせることをサポートし、落ち着きを与え、潜在能力を高めます。

これもおすすめ！ ▶ アゲート

column ❷

色のコーディネート術

単純に、気になる色の洋服を着る、というのは、鮮やかな色や目立つ色の場合、難しいと思うかもしれません。そんな時は、アクセントカラーで、取り入れてみましょう。アクセントカラーは、全体の5%ぐらいの差し色のことで、アクセントになることから、逆に目にとまり、意識にのぼりやすくしてくれる効果があります。スカーフやネクタイ、アクセサリーやバッグなどで、まず取り入れてみましょう。また、パワーストーンで取り入れるのもおすすめです。クリスタルは、色のエネルギーだけでなく、古代からの生命エネルギーそのものですから、パワーをさらに得られるでしょう。好きな色、気になる色のクリスタルのブレスレットをしたり、机の上に、おいておくだけでも、OKです。

仕事の都合上、アクセントカラーでも、取り入れにくい場合は、ハンカチなどの小物からでも構いません。ハンカチなら、パーソナルカラーのような似合う色、似合わない色も問いませんし、日常使うことによって、色の刺激を得られます。また、仕事中は、カラークリアファイルなどを用いてもよいでしょう。

そして、部屋着やパジャマに、気になる色を取り入れましょう。部屋着やパジャマは、リラックスした状態で着ていますから、とても重要です。また、夜寝ている時は、未来からのエネルギーを受け取りやすく、潜在能力を開花させるチャンスですから、是非、活用してください。また、その時々で、必要な色が選べるよう、安いTシャツでいいので、いろいろな色を着てみてください。部屋着だからといって、黒やグレーばかり着ていませんか？　黒やグレーばかりきていると、気分も落ち込みやすくなりますし、幸せへの感度が下がり低下し、生体反応も低下します。黒やグレーばかり着ている時には気付きませんが、一度、2~3ヶ月ぐらい、カラフルな色ばかり着てみて、また、黒やグレーばかりの生活に戻ると、その感覚の違いに気付くことでしょう。是非、虹色のワードローブで、虹色の人生を切り開いていきましょう。

アクセントカラーで取り入れる

アクセントカラーは5%ぐらいの差し色のこと。バッグ以外でもネクタイやスカーフなどファッションアイテムとして取り入れたい

パワーストーンや小物もオススメ

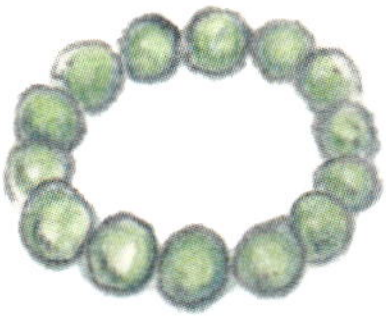

さまざまな効果をもたらすパワーストーンは一石二鳥のアイテム。必要なカラーの石を用いれば古代のパワーをも得られるはず

アクセントカラーが取り入れにくいならばハンカチがオススメ。似合う似合わないも関係なくカンタンに取り入れられる

寝ているときには未来のエネルギーを受けています

部屋着はなるべく明るい色で

暗い色

気持ちが落ち込みやすい

パジャマは暗いカラーのものを選びがちだが、寝てるときもパワーを得ているので避けたほうがベター

明るい色

明るくよいエネルギーを得られやすい

パジャマは虹色を中心に明るい色の方がオススメ。気持ちも明るくなるし、未来からハッピーをひきよせる

日常生活の基本は、衣食住。
洋服や身につける物の色は
2章を参考に
一色に偏ることなく
その時々で、いろいろな色を
身につけてみましょう。
虹色のワードローブを展開し
虹色のカラーを操れば
自分を癒し、より楽しい

| 3章 |

活に活かす方法

→ p112

食べ物の色の基本

欧米と日本の食欲色の違い
体と食材の色は関連しています

→ p114

インテリアにおすすめの色

リビング／寝室／トイレ

毎日が彩られていくと思います。
また、いろいろな色を
身につけることによって
より広い視野から物事を見る事が出来
新たな発見が増えることでしょう。
それはきっと
さらなる幸せへの糸口となるはずです。
そして、住まいの色は
快適に過ごすために
色の効果を取り入れることは
とても大切なことです。
心身の健康を保つために
色を日常生活に意識して使うことは
重要な鍵となるでしょう。

色を日常生

→ p118

世代別の部屋

乳幼児期／学生期／青年期
壮年期／高齢期

Theme

食べ物の色の基本

毎日食べている食べ物の色。実はこの色にも食欲をそそったり、人間の体が欲するものだったりと深い意味があるのです。色と食べ物の関係をみていきます。

消費期限などなかった時代、人間は、食べ物の色を通して、美味しく熟している食べ物か、腐って危険な食べ物かを判断してきました。食べ物の色には、体をつくる重要な役割があります。前述の「色によって味がかわる」のお話のように、日常の食事の色も、人間にとって、なくてはならない大切な要素です。

　私たちの体は、心身ともに、意識的であれ無意識的であれ、食べ物の色を欲しているのです。食欲色といえは、赤・黄

欧米と日本の食欲色の違い

▼

欧米 **肉食文化が影響**

血沸き肉踊るような狩猟民族たるDNAが騒ぐのか、血のしたたるようなステーキなどが食欲をそそる傾向

日本 **農耕文化が影響**

日本では魚中心の生活と農耕民族の食文化を受け継ぎ、白や黒といった色にも食欲をそそられる傾向がある

体と食材の色は関連しています

▼

- **赤** ▶ 血液を浄化し、精力を注入する
- **黄** ▶ 黄体の酸のバランスや胃腸の正常化を促す
- **青** ▶ 神経を落ち着かせる（水など）
- **緑** ▶ 体をリラックスさせ、若返らせる
- **紫** ▶ 神経系の働きを助ける

・緑というのは有名ですが、それは欧米での話。日本人が食欲をそそるためには、赤・黄・緑に加えて白と黒がなくてはならない色となります。白は、日本人にとって神の色であり、特別な色。食生活の中でも、白いごはん、豆腐、大根、うどん、餅、ねぎなどといったように、常に食卓にある色です。また、欧米人が食品の色と考えない黒も、のり、昆布、黒ゴマ、ひじき、わかめ、しいたけ、小豆など、滋養の高い特別な色として食文化を構成しています。欧米は、血のしたたるような肉中心の食生活に、野菜も、トマトやニンジン、赤カブといった赤色野菜が優勢で、食生活で占める赤の割合が非常に多い食文化をもっています。それに対し、日本の食文化は、欧米化してはいても、もともとの魚中心の食生活に、農耕民族の永年培われた食文化が、脈々と受け継がれています。文化や気候風土を背景に、食で好まれてくる色も多少違いが出てきますが、是非、日常の食事やお弁当には、赤・黄・緑・白・黒を取り入れてみましょう。

　食と色は、人間の基本。また、上記の図のように研究者S・G・J・オスレーは、「類似した色彩の食べ物は、体にとってやはり類似した効き目がある」と言っています。様々な色の食べ物をとることは、目にも美味しく、体にもバランスの良い食事となり、精神的にも満たされていくことにつながります。

Theme

インテリアにおすすめの色

自分の部屋をどのような色にするのが癒しを得られてハッピーになるのでしょうか。部屋別によるオススメのカラーをイラストとともにわかりやすく教えます。

リビング

人工的な色やビビッドな色はNG

×

緑がよいからといってオール緑にしてしまうのはNG。ほかのカラーでも一色でまとめるのはおすすめできません

リビングは、長時間家族が過ごす場所なので、ベースカラーは、オフホワイトやクリーム色、木材のベージュなどの明るくナチュラルな色がおすすめです。

前述の赤い部屋と青い部屋の話のように、季節によって、ファブリックを調整したり、好みの色を取り入れたりするとよいでしょう。

また、観葉植物の緑は、是非、取り入れることをお勧めします。

植物の緑は、安心感を与え、

明るくナチュラルな色がおすすめ

○ 長時間過ごすことが多いリビングは明るくナチュラルな色がおすすめ。季節によってファブリックを変更してみよう

リフレッシュさせてくれますし、ストレスを軽減させてくれる効果があります。

しかし、緑色は緑色でも、壁一面を緑色に塗り替えたりすると、逆に圧迫感や毒々しさを感じることがありますので、注意が必要です。

自然の緑という有機的なものを、壁という無機的なものに無理やり押し込めてしまうと、かたいイメージになってしまいます。

人工的な緑色からは毒という意味もありますので、注意してください。

また、ゆったり過ごすためには、ビビッドな色を大面積で使わないように注意しましょう。

寝室

一部に青を取り入れると癒しの効果が得られます

青は筋肉を弛緩させる効果があるので安眠を誘いやすい。
青全面にすると冷えを助長したり逆効果になることも

青い部屋の話のように、青は、血圧、脈拍、呼吸数を下げ、筋肉の緊張も弛緩させる効果があるので、アイマスクや枕など、一部に青を取り入れるのがおすすめです。しかしその鎮静効果を利用して、寝具やパジャマ、カーテンなど、全てを青にしてしまうと、特に冬は体温を下げてしまい、血のめぐりも悪くなるので注意が必要です。

特に、不眠症の方には、パジャマや寝具などを、少しくすんだ青紫系にすることをおすすめします。

青紫系は、青だけのような体を冷やすことからは免れ、神経を休める効果がありますので、現代のストレスからくる疲れ、不眠症などにも効果が高いでしょう。

トイレ

リラックスできて胃腸に心地よい刺激を

トイレは刺激的すぎるビビッドなカラーはさけてナチュラルに明るい雰囲気を作りだすようにしよう

トイレは、リラックスと胃腸に心地よい刺激を与える色を使うことがポイントです。

胃腸の働きを促す色は、黄色です。ただ、あまりビビッドな黄色を大きな面積で使うと、刺激が強すぎて、リラックスできないので、壁紙などは、クリーム色を基調にするといいでしょう。

水まわりですし、健康に大きく左右する場所なので、冷えない色を使うことをおすすめします。

従って、ファブリックなどは、青などの寒色よりも、ピンクや黄色などの柔らかく、暖かみのある色あいや、リラックスできるグリーン系などがいいでしょう。

覚えておきたい世代別の おすすめ部屋カラー

自分の部屋は世代ごとに色を変えることは幸せをつかむ重要なポイント。ここではそのとっておきのワザを教えます。

学生期

乳幼児期

青年期

学生期

壮年期

長時間過ごす部屋の色は、短気的な癒しだけでなく、長期的な発達刺激にも関係してきますし、精神性を豊かにしていくことにも、影響を及ぼすことを知っておきましょう。

乳幼児期

アクセントカラーでビビッドな色を

カラフルで美しくはっきりとした色が赤ちゃんの潜在能力を目覚めさせる刺激となります

赤ちゃんの見る世界は、視界がぼやけていて、特に新生児では、はっきりとした白・黒・赤といった色しか識別できていません。個人差がありますが、1歳ぐらいになれば、大人と同じぐらいに色も見えてくるようです。

赤ちゃんのおもちゃに、ビビッドな色が多いのは、赤ちゃんの目が、まだ大人のように発達していないからですが、加えて、色彩心理的にも、インテリアのアクセントカラーには、ビビッドでカラフルな色をおすすめします。なぜなら、乳幼児期は、脳や体の発達の大切な時期ですので、いろいろな美しい色の刺激を与えてあげたいからです。一色に偏ると、情緒や能力刺激の偏りになるとも考えられます。

学生期

寒色系で落ち着いて勉強できる環境を

年齢が低い時期は水色のような明るく広がりのある色を。
受験期は勉強机周りを青系にし黄色をアクセントに配して

小学生になって、勉強に取り組む年頃になってきたら、ビビッドでカラフルな色は、かえって、落ち着いて勉強するのを妨げることにもつながるので、刺激の強い色は、年齢があがるとともに、少しずつ、減らしていきましょう。また、それぞれのお子さんの個性が出てくる時期ですから、親の好きな色を押し付けるのではなく、お子さんの好きな色を取り入れてあげるようにしましょう。

落ち着いて勉強するためには、暖色系よりも寒色系がおすすめです。青系の方が、実際勉強した時間よりも、短く感じ、かつ、落ち着いて集中できます。

青年期

自分色や目的に合わせて色をチョイス

目的にあわせてインテリアを考えるのもよいでしょう。恋人が欲しい、結婚したいと思うなら、断然ピンクです

大人になって、働き始め、自分色を理解しはじめる時期。あなたが選んだ色があなた自身を表し、あなたを癒す色ともなるでしょうから、ご自身が心地よいと思える好きな色を選んでください。

しかしながら、この時期は、自分色を模索する時期でもあります。自分の個性、自分の生き方に迷ったら、奇麗な色のお花を飾ってみましょう。

生花が、一番おすすめですが、コストもかかりますし、面倒であったり、男性で、お花を飾るのに抵抗のある場合には、生花の写真やポストカードでもかまいません。美しいプリザーブドフラワーもありますが、エネルギー的には、生花か生花の写真をオススメします。

壮年期

上質な茶色の家具をアクセントカラーに

経済的にも余裕が出てくる時期。上質な木の家具を用いて、
木のベージュや茶色をうまく取り入れることがおすすめ

壮年期におすすめするインテリアカラーは、青年期とそうかわりはありませんが、ご自身の人生も、折り返し地点にきている頃なので、ご自身の好きなカラーに加えて、ご自身を統合していく色として、茶色を取り入れていくのもおすすめです。茶色といっても、地味になるということではなく、アクセントカラーとして、締まる色を入れるという方法です。

また、若い頃は、自分自身の生のエネルギーが強いので、都会的なコンクリート打ちっぱなしの壁でも大丈夫ですが、コンクリートや黒・グレーといった無彩色のベースカラーは、生のエネルギーを奪い、老けさせてしまうので、控えたほうがよいでしょう。

高齢期

あざやかな暖色系のアクセントカラーを

カラフルな明るい色のお花をかざりましょう。活き活きとした生気を与えてくれます

高齢になってきたら、おすすめのインテリアカラーは、青年期、壮年期の内容をふまえ、アクセントカラーに、赤や橙、ピンクといった、暖色系のアクセントカラーを取り入れてみるのもおすすめです。

赤のページにあるように、還暦で赤を着るのは、赤ちゃんにかえって、赤ちゃんのような生のエネルギーを再度注入するため。あざやかな色のエネルギーを得ることで、若々しさを保てます。

また、紫は、死と再生を表す色。精神的に円熟度を増すこの頃。紫色をアクセントカラーで用いることによって、一度は考える死生観を達観するサポートになるかもしれません。

column ❸

内面の色と外見の色

好きな色と似合う色が違うということがよくあります。好きな色とは、内面が欲する色であり、あなたの心を満たしてくれるもので、エネルギーを与えてくれます。

似合う色とは、外見を美しく見せるための、サポートをしてくれます。

好きな色も似合う色もどちらもうまく活用すれば、内面の色も外見の色も、どちらも輝いて、人生をより幸せに過ごすための魔法をかけてくれます。

最近は、パーソナルカラーといって、似合う色を診断する方も増えています。

パーソナルカラーとは、肌の色、目の色、髪の毛の色を総合的に判断して、似合う色の傾向を主に4つのグループに分ける、という診断です。左上にある4つのグループは、スプリング、サマー、オータム、ウインターという季節の名前がついており、サマー、ウインターは、ブルーベースといって、青みがかった色合いのグループで、スプリング、オータムは、イエローベースといって、黄色みがかった色あいのグループです。

似合う色を着ると、肌つやも輝いて見え、その人の印象もよりよく見せる効果がありますが、似合わない色を着ると、しみ、そばかす、しわといった、肌のウィークポイントを目立たせてしまったり、肌がくすんで見えて、不健康そうに見えたりしてしまいます。

似合う色を、とてもうまく活用した有名な例では、フィギュアスケートの荒川静香さん。荒川静香さんは、ブルーベースのウインターで、特に青がよくお似合いになります。トリノオリンピックで金メダルをとった時に着ていたブルーの衣装は、この上なく非常によく似合っていて、何年経っても印象強く心に残っています。荒川静香さんは、似合う色が青ということだけでなく、内面の質も青を多くもっています。自分の本質の色を着ることによって、自分の心身の波動ともうまく調和し、最善の身体反応をおこせる状態にもっていくこともできます。

また、青は、心理面でも冷静にさせる色。オリンピックとい

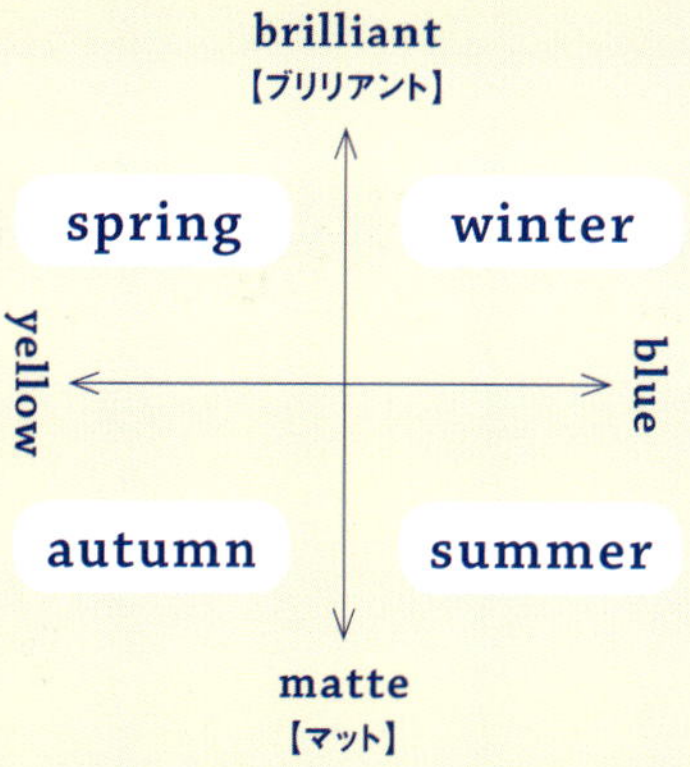

パーソナルカラーが解る4グループ

自分のパーソナルカラーを理解すれば、おのずと若々しく元気に見られることができる。逆にそれを理解せず洋服を着ると逆効果にもなるので、自分のカラーを知ることはとても大切なこと

う大舞台で、周りにのまれることなく、冷静な自分を保つということにも効果があり、かつ、見る人にも、冷静さ、落ち着きをもっている、ということをアピールする相乗効果にも一役買っています。

曲のイメージや、荒川静香さん自身のイメージ、スケート全体のイメージや、彼女の優雅な美しいスケーティングのイメージ等、全てにマッチしていました。

色を味方につけるとは、まさにこのこと。もちろん、それまでの血のにじむような努力があってこその結果ですが、色をうまく使うことによって、自分の内面も外見も最善の状態にもっていくことができるということを教えてくれます。

好きな色と似合う色が違っても、それを活用することは可能です。

パーソナルカラーは、顔写りをよくする色ですから、顔まわりのスカーフやマフラー、上半身の洋服の色には、取り入れることをおすすめしますが、ハンカチなどの、小物には、好きな色、内面の色を取り入れることで、バランスをとることができます。また、パーソナルカラーでは、本来、青が似合う、赤が似合う、ということを判断するのではなく、似合うトーンを診断するものであり、例えば、赤なら、スプリングさんに似合う赤、サマーさんに似合う赤、オータムさんに似合う赤、ウインターさんに似合う赤、のトーンを診断するものなので、各グループにそれぞれ、様々な色が存在します。従って、どのグループであっても、それぞれのトーンで虹色のワードローブを彩ることができ、それぞれの似合うトーンで、色彩心理を活かすことが可能なのです。

外見の色であるパーソナルカラーも、色彩心理とからめて使うことができるので、好きな色と似合う色をうまく融合させいくことによって、色の魔法を最大限に引き出す事ができるようになるでしょう。

Afterword

色を意識的に使って虹色の人生を送りましょう

ご紹介した内容は、実際、東京メンタルヘルス株式会社や企業、都庁などで行っているものです。

色を塗ることだけで、セラピー効果になります。

大人の塗り絵が流行ってしばらく経ちますが、色を塗ることは、右脳を使い、リラックス効果が得られるのです。

普段、私たちは、社会人であっても、学生であっても、論理脳である、左脳を主に使っていることが非常に多いでしょう。

感性の右脳を十分に使わず、論理を司る左脳ばかり使っていると、頭がかたくなり、ストレスを受けやすくなってしまうのです。

色のあふれた世界で、色を意識して使っていくだけで、

「色彩能力検定対策参考書1級～3級」………………全国服飾教育者連合会
「カラーコーディネーション」…………………………東京商工会議所
「カラーコーディネートステップアップテキスト」…ヒューマンアカデミー発行　小島真智子編著
「オーラソーマ　ヒーリング」…………………………イレーネ・デリコフ＆マイク・ブース　大野百合子訳
「オーラソーマ　ファウンデーションコース　ワークブック」
「オーラソーマ　インターミディエット　ワークブック」
「色の暗号」……………………………………………泉智子
「オーラソーマパーフェクトガイド」…………………武藤悦子
「週刊美術館　ピカソ」「週刊美術館　ゴッホ」
「クリスタルを活かす」…………………………………ジュディ・ホール
「パワーストーンBOOK」………………………………マダム・マーシ

頭も心も柔らかくなっていくことでしょう。
実際、あまり色に関心のなかった方も、老若男女問わず、
少しの時間、色の講座を受けただけで、
みなさん、表情がほぐれて、
輝いていくのがわかります。色が息吹を吹き込むのです。
人それぞれ、必要な色は違いますし、
また、その時々で、心の色は変わります。
日常に、ありふれた色を、意識してうまく使っていけば、
あなたも色の魔法使いになって、
今より世界がきらめいていくことでしょう。
十人十色から十人百色、そして一人千色の時代。
それぞれの個性、色を活かしつつ、他者の個性、
色を受け入れたり共感したりしながら、
一色にかたよらず、虹色の人生をお過ごしください！

参考文献

「色彩効用論　ガイアの色」……………野村順一
「色彩生命論　イリスの色」……………野村順一
「色の秘密」　………………………………野村順一
「色彩の力」………………………………デボラ・T・シャープ　千々岩英彰・齋藤美穂訳
「色彩心理のすべてがわかる本」………山脇恵子
「日本伝統色色名事典」…………………監修　社団法人日本流行色協会
「色彩心裡の世界」………………………末永蒼生
「心を元気にする色彩セラピー」………末永蒼生
「色彩自由自在」…………………………末永蒼生
「自分を活かす色、癒す色」……………末永蒼生

色の心理学

2014年6月30日　第一版第一刷発行
2015年5月20日　第一版第六刷発行

発行人　角 謙二
編集人　高橋俊宏
佐々木浩也
編集　一柳明宏
撮影　若林邦治
イラスト　アライマリヤ
発行・発売　株式会社枻(えい)出版社
〒158-0096 東京都世田谷区玉川台2-13-2
販売部　03-3708-5181
印刷・製本　大日本印刷株式会社

デザイン　ピークス株式会社

ISBN978-4-7779-3292-4
定価はカバーに表示してあります。
万一、落丁・乱丁の場合は、お取り替え致します。

for tasty life
枻出版社

著者　佐々木仁美

オーラソーマカラーケアコンサルタント&ティーチャー、パーソナルカラーアナリスト、クリスタルセラピスト　1級カラーコーディネーター。色を活用して、豊かに生きるためのカウンセリングやセミナー講師等の活動をしている
http://home.netyou.jp/zz/eyepalet/